合作 创新 育人

——商务学院国际化合作实践与思考

HEZUO CHUANGXIN YUREN

——SHANGWU XUEYUAN GUOJIHUA HEZUO SHIJIAN YU SIKAO

主　编　赵五一
副主编　曹海娟　秦二娟

北京市财政专项：
专业建设-新专业建设-国际商务项目资助

知识产权出版社
全国百佳图书出版单位

图书在版编目（CIP）数据

合作 创新 育人：商务学院国际化合作实践与思考/赵五一主编
—北京：知识产权出版社，2014.1
ISBN 978-7-5130-2543-0

Ⅰ.①合… Ⅱ.①赵… Ⅲ.①国际贸易—文集 Ⅳ.①F74-53

中国版本图书馆 CIP 数据核字（2014）第 001748 号

内容提要

本论文集是北京联合大学商务学院国际商务系学生在学院 AACSB 国际高等商学院认证的背景下，对学院的人才培养、办学理念、教育教学改革以及国际化办学模式下大学生综合素养的提升等问题的研究和探索，文章的内容全部来自学生对国际化办学的一些浅显认识和思考。

责任编辑：张水华 **责任出版**：谷 洋

合作 创新 育人
——商务学院国际化合作实践与思考

HEZUO CHUANGXIN YUREN
SHANGWU XUEYUAN GUOJIHUA HEZUO SHIJIAN YU SIKAO

主 编 赵五一
副主编 曹海娟 秦二娟

出版发行：	知识产权出版社有限责任公司	**网 址**：	http：//www.ipph.cn
社 址：	北京市海淀区马甸南村1号	**邮 编**：	100088
责编电话：	010-82000860 转 8389	**责编邮箱**：	miss.shuihua99@163.com
发行电话：	010-82000860 转 8104/8102	**发行传真**：	010-82000893/82005070/82000270
印 刷：	北京中献拓方科技发展有限公司	**经 销**：	各大网上书店、新华书店及相关专业书店
开 本：	787mm×1092mm 1/16	**印 张**：	12.75
版 次：	2014年10月第1版	**印 次**：	2014年10月第1次印刷
字 数：	220千字	**定 价**：	42.00元

ISBN 978-7-5130-2543-0

序

北京联合大学商务学院是一所以培养应用型国际商务人才为办学宗旨的经管类院校，学院始终坚持以人为本、促进学生全面发展的教育理念，以培养具有国际视野和社会责任感、富有创新精神和实践能力的应用性国际商务人才为根本使命，不断加强专业建设，深化教育教学改革，创新人才培养模式。

2000 年以来，学院以国际化办学为目标，全面引进、借鉴国外先进的教学理念和优质的教学资源，使更多的学生不出国门就能享受发达国家高质量的教育服务。十几年来，学院先后与英国西苏格兰大学、香港岭南大学、英国诺森比亚大学、加拿大温尼伯格大学、美国爱治伍德学院等多个国家和地区的大学开展合作办学项目。

学院从 2006 年开始在部分专业试行全英语教学，国际商务专业从第一届全英语班开始，向香港岭南大学、西苏格兰大学等多个院校输送学生，这些学生学成回国后在服务于首都北京的经济建设中做出了贡献。2013 年，商务学院正式成为 AACSB 国际高等商学院会员单位，向着国际化商学院的建设又迈进了一步。本书是我院国际商务系国际商务、财务管理、市场营销三个专业的部分学生通过在国外的学习经历、亲身体会，以及部分在校生对学院 AACSB 国际认证、学院的国际化办学前景的认识和感受。

我们希望通过本书的出版，能够进一步推动学院的国际化认证进程，同时，也希望我们能够有更多的国际商务人才服务于首都的建设。

编　者

2014 年

目　录

国际化背景下大学生核心竞争力的培养

陈彬冰[1]

摘　要　在人才竞争日趋激烈，就业形势日益严峻的今天，高校大学生要想超越竞争对手、顺利实现就业、实现自己的人生价值就必须培养自己的核心竞争力。随着地方性高校基础建设的加快和办学层次以及办学水平的上升，提高地方性高校大学生的核心竞争力刻不容缓。本文主要阐述大学生核心竞争力的概念以及构成要素，对地方性高校在培养大学生核心竞争力方面所面临的机遇和挑战进行了探讨，同时主要从学校方面针对如何提高地方性高校大学生核心竞争力提出几点建议。

关键词　地方性高校；大学生；核心竞争力

随着我国社会的发展，对人力资源的要求越来越高，人力资源市场化配置必然导致人才间的激烈竞争。同时，随着我国高等教育大众化进程的加快，大学毕业生数量逐年增加，就业形势严峻，就业压力增大，特别是对于一些办学层次较低的地方性高校其毕业生就业形势极其严峻。所以这些大学生只有提高个人核心竞争力，才能凸现个人在人才市场上的优势，才能迎接社会发展给大学生带来的种种挑战。地方性高校承担着本地人才的培养以满足地方或国家经济发展的需要，因此大学生核心竞争力的培养，对于这些高校来说“任重而道远”。

一、大学生核心竞争力的内涵以及构成要素

大学生的核心竞争力是指不易被竞争对手模仿和具有竞争优势的，独特的知识和技能，是其综合素质的集中体现。虽然“核心竞争力”最初是对企业提出

[1] 作者简介：陈彬冰（1992—），女，北京联合大学商务学院商务（1001）班学生。

的，但我们完全可以将此概念应用到当代大学生身上，大学生核心竞争力是大学生各种能力的最核心部分，是相对于其他竞争对手的比较优势，也是竞争对手无法模仿与复制的。但是，它并不是个人各种能力的简单相加，而是将大学生自身各个方面的能力进行优化配置并加以整合后所体现出的综合优势，即核心竞争力的功能大于所有优势能力之和。这种竞争力不同于大学生的一般能力，它是支撑大学生在激烈的社会竞争环境中积极地把握主动权，在竞争中取胜的唯一源泉。目前不同学者从不同的视角阐述了“大学生核心竞争力”的构成要素，笔者概括起来有软实力和硬实力两种。早期研究大学生核心竞争力主要从软实力和硬实力入手。硬实力指大学生的知识水平和专业素质；软实力指沟通表达能力、团队合作精神、环境适应能力等。

但随着时代的发展和社会的进步，大学生核心竞争力的内涵也丰富起来了。大学生核心竞争力是以个人专长为核心的知识、能力、素质等多方面的综合体，概括起来说它体现为五个“力”，即思维力、意志力、凝聚力、适应力和创造力。

（1）创新人格。扬州大学广陵学院俞峰教授指出：创新人格作为大学生的核心竞争力，将直接影响其今后的竞争优势和持续竞争能力。高校教育工作者应着力培养大学生的创新人格。

（2）具有比较优势的综合能力。大学生的核心竞争力是大学生以创新能力为基础，以国际竞争力、持续发展能力、创业能力为载体而整合的一种综合能力，是各种能力中最具特色、最强有力的部分，是相对于其他学生的比较优势能力。

（3）笔者认为大学生核心竞争力除了以上的构成要素外，还应包括：①强硬的心理素质。在当今激励的竞争环境中，拥有强硬的心理素质才能适应多变的外部环境。面对人才市场众多的竞争者，要自信、自强，积极主动地参与竞争。在求职、面试中也可能遭遇被拒绝或被淘汰，这时更要有强硬的心理素质做支撑，不气馁，不放弃，把失败化作前进的动力，越挫越勇。②自我推销能力。对于一些地方性高校的大学生，可能只是毕业于普通的本/专科院校，在求职中没有那些毕业于重点大学、“211 高校”的学生受企业的青睐，这时自我推销能力显得尤为重要，特别是在这个竞争日益激烈的社会，推销自己在某种程度上关系到自己的生存，而唯有推销和展示自己，才有可能获得更好的生存和锻炼自己的机会，才会有更好的发展。③认真务实，勤奋刻苦。在就业竞争中，除了毕业院校、学历、证书等外在因素，企业往往更青睐那些能认认真真、脚踏实地做事的大学生，而且很多企业的管理人员都是从基层发展上来的，同时随着大学毕业生数量的逐年增加，就业形势日益严峻，国家鼓励大学生到基层、到西部去就业，这就更要有认真务实、勤奋刻苦的作风，这样才能在工作中出类拔萃，获得更多的发展机会。

二、地方性高校大学生核心竞争力现状

许多全国重点大学或者是办学层次比较高的学校由于自身师资力量强大，办学条件较好，科研水平较高以及国家财政、政策方面的倾斜，这些学校培养出来的大学生具备核心竞争力，在社会上的竞争能力很强。而且这些高校在很早以前就开始重视和研究大学生的核心竞争力，并通过各种途径努力提高其本校大学生的核心竞争力，并且取得了显著的成果，积累了丰富的经验。而一些地方性高校，在这方面显得相对滞后，除了专业设置比较粗糙、过时，教学中软硬件投入和师资力量不足外，还没有真正重视和采取具体的措施来培养和提高大学生的核心竞争力，因此这些高校大学生的核心竞争力现状不容乐观，无论在知识理论储备方面还是动手能力方面都略显不足，继续深造（如考研、考博）人数相对较少，学生整体素质有待提升，就业压力逐年增加。

三、地方性高校在大学生核心竞争力培养方面所面临的机遇和挑战

当前，随着我国社会、经济的多元化发展，高等教育的发展趋向大众化，以及新一轮教育改革的推行，地方性高校在培养大学生核心竞争力方面所面临的机遇与挑战并存。地方性高校只有认清当前形势，综合分析所处的内外部环境，明确自身的优势与不足，扬长补短，才能使其培养出来的大学生在社会上具有核心竞争力。

（一）机遇

1. 国家、地方相关政策的扶植

近年来，国家在教育方面出台了一系列的相关政策，有些政策直接受惠于地方性高校。胡锦涛总书记在党的十七大报告中指出：“教育是民族振兴的基石，教育公平是社会公平的重要基础。”因此，从中央到地方政府逐渐重视教育资源

的均衡分配，特别加大了对地方高校发展的扶植力度。如最近湖北省教育厅决定实施武汉城市圈中央部属高校与地方高校支持合作计划，组织在鄂7所教育部直属高校与武汉城市圈域内18所省属高校开展对口支持与合作。

2. 地方经济的发展对人才需求量大

随着全球经济的回暖，我国经济的发展也逐渐步入快车道，国家先后出台了一系列的政策来扶持地方经济的发展，国家四万亿的投资直接带动了地方相关产业的发展，在这种背景下，地方性高校培养大学生核心竞争力，提高大学生整体素质，面临着良好的外部环境。一方面，地方经济迅速发展需要大量具有核心竞争力、高素质的人才；另一方面，这些具有核心竞争力的大学生又推动了当地经济的进一步发展。

3. 地方优势资源的支持

地方性高校可以依托地方的优势资源，走特色化发展之路。根据地方的优势资源，积极发展与其相匹配的学科和专业，体现出为地方经济发展服务，同时，学生也可以利用这些优势资源来充分发展自己，打造属于自己的核心竞争力。

（二）挑战

主要有：①没有明确的办学目标、理念和人才培养模式。一些地方性高校办学目标、理念含糊不清以及没有很好地去思考所培养出来的人才在社会上的定位问题，导致这些学校毕业的大学生核心竞争力不突出，在社会竞争中出现“高不成低不就”的状况。②专业设置不合理。学校的一些专业没有与时俱进，不能迎合国家或地方经济发展的需要。此外，有些学校建设时间较长，有深厚基础的传统性专业逐渐丧失其竞争力，这种专业培养出来的大学生则根本谈不上什么核心竞争力。③过多注重学生的理论知识，没有做到理论联系实际，使学生与社会脱节。除了学习文化课之外，大学生很少有机会走向社会去参加社会性实践活动。很少组织并真正落实学生参加社会实践活动，校企联系不紧密，学生在校期间很难到企业参观、实习。④许多教师存在“重科研，轻教学”的心理。教师没有做到以学生为本，不太关注学生能力和个性，不注重学生差异化的培养，没有真正帮助学生去学习与成长。⑤教育资源短缺。这就使得学校软、硬件设施不能很好地满足学生的需求，直接制约了办学水平和社会认可度的提高。

四、对提升地方性高校大学生就业竞争力的几点建议

（一）明确办学目标、办学理念和人才培养模式

地方性高校应该以培养专业基础扎实、知识面宽、能力强、素质高、能从基层做起的应用型人才为办学目标；其办学理念应该紧随社会发展的需要，以就业市场为导向，立足本地，面向全国，重点为地方提供人才保障，输送合格人才，满足地方社会经济进行结构调整和产业升级的需要，服务地方经济发展，推进地方经济文化繁荣发展；在人才培养模式方面，一手抓基础理论知识，一手抓实践动手能力，培养学生脚踏实地、认真务实的作风，提高学生的就业技能和环境适应能力，使学生毕业后到企业能迅速融入企业。只有明确办学目标、办学理念和人才培养模式，才能在教学管理和教学活动中做到有的放矢，充分发挥地方区域性优势和比较优势，体现出高校的人才培养、科学研究、社会服务的功能，使培养出来的学生在社会中具有很强的竞争力。地方高校培养务实、勤奋、能从基层做起的应用型人才，是区别于其他全国性高校、重点高校所培养的学术性人才、技术型人才以及复合型人才的根本所在，是人才基本定位的细分，也是地方性高校培养大学生核心竞争力的着力点。

（二）科学合理设置专业，建设地方性特色专业

在专业设置上要充分考虑到社会的需求、国家经济发展的方向、国家政策方针的导向和学校的实际情况等因素，理性地设置学校的专业，不能盲目地开设一些“热门专业”，同时高校开设专业时应具有前瞻性高度，科学合理地预测这个专业几年后对人才的需求量，避免这个专业培养出来的毕业生在人才市场上出现大量“过剩”。此外，由于地方高校师资力量、科研水平、教学条件等其他教育资源方面的限制，学校的每个专业很难做到均衡发展，所以地方高校应重点建设地方性特色专业，学校所办专业要与地方经济社会发展相适应，充分利用地方性独特资源来打造特色专业，即专业的设置与地方支柱产业和优势资源相匹配，从而增强地方高校的大学生就业竞争力。在一些矿产、煤、石油等资源型城市，可着重打造资源的勘探、开采，资源利用、能源转化等专业；在一些旅游型城市，重点建设与服务业有关的专业，如安徽省黄山学院，就重点发展其“旅游管理”这个特色专业。

（三）加强“校企合作”，实行“订单式”培养

校企合作是一种以社会和企业需求为导向的教育模式，是学校和企业双方共同参与人才培养的过程，把学校教育与企业对人才的要求结合在一起，从而达到理论联系实践、在实践中应用理论的目的，切实开展校企合作，建立校企间良好有效的长远合作机制，是地方高校提高大学生就业能力的必由之路。“订单式”培养就是企业根据人力资源规划，明确什么岗位需要人员，需要多少人员，以及对人员任职资格的要求，然后通过学校和企业共同制订学生培养计划，学生毕业后直接到企业工作。这体现了地方院校为地方经济发展服务的办学宗旨，也使企业降低了招聘和人员培训的成本，最终实现学校和企业优势互补、互利共赢的目标。“订单式”培养具有目的明确、针对性强、学生实践机会多等特点，同时校企合作，“订单式”培养避免了大学教育重理论、轻实践的现象，增强了学生的动手能力，提高了地方高校大学生的就业率。

（四）实行“校地合作”，充分发挥地方政府服务地方院校的作用

地方高校不仅要为地方经济建设和社会的发展提供合格人才，还要加强与地方政府的积极互动，实行“校地合作”。新任教育部部长袁贵仁指出：“与地方政府共建高等学校，是在高教管理体制调整之后，教育部积极倡导并推动的一项战略举措，旨在整合多方资源，共同促进高等学校提高教育教学质量、学术水平和办学实力，增强为国家及地方经济建设和社会发展服务的意识和能力。”地方政府可以从两方面加大对地方院校的支持力度：一是参与地方院校的发展规划，为其出谋划策，也可给予资金上的支持、政策上的扶持等，把政府所掌握的资源适当地分配些给学校；二是积极地帮助地方院校大学生就业工作，如地方政府可以定期组织企业举行专场招聘会；设立“创业专项基金”，有条件地提供给有创业意向的大学生；及时准确地发布就业信息、国家有关就业方面的政策等。

（五）地方高校教师应该做到一切“以学生为本”

地方高校教师要注重教学和科研的平衡，把自己的精力多分配些给学生，重新回到“为人师表”、“教书育人”的最基本职责上，帮助学生在大学中“学习与成长”。其实，从大的方面来说，高校老师承担着为整个国家培养人才、提高国家人力资源素质的责任；从小的方面来说，高校老师就是学生的“良师益友”。作为高校老师，作为长者，自身的素质，包括专业知识、工作经验、人生经历都比较丰富，完全能给学生有用的、力所能及的帮助。而这些帮助，会在学

生的人生道路上、成长的历程里助上一臂之力。高校教师首先应该“传道”，向学生传输一些人生道理，宣扬正确的思想理念，帮助学生塑造正确的人生观、价值观和积极的人生态度、乐观向上的进取精神以及开放、宽广的胸怀。其次是“授业”，就是努力教好专业方面的课程，让学生有一技之长。这一点做得不到位，就有可能导致大学毕业生失业。最后是“解惑”，对学生在生活、学习以及恋爱中的一些迷惑给予必要的帮助，主动与学生进行沟通交流，或是在学生的职业生涯发展规划中给予必要的建议。

参考文献：

[1] 萨拜因（Sabine）. 政治学说史［M］. 北京：商务印书馆，1986：587.
[2] 拉斯莱特·洛克. 政府论导论［M］. 北京：三联书店，2007.
[3] 洛克. 政府论（下篇）［M］. 北京：商务印书馆，2005.
[4] 顾平安. 政府发展论［M］. 北京：中国社会科学出版社，2005.
[5] 唐士其. 西方政治思想史［M］. 北京：北京大学出版社，2002.
[6] 朱光磊. 现代政府理论［M］. 北京：高等教育出版社，2006.
[7] 谢庆奎. 政府学理论［M］. 北京：中国社会科学出版社，2005.
[8] 乔耀章. 政府理论［M］. 苏州：苏州大学出版社，2003.

国际化背景下商务学院图书馆制度变革

陈冬阳[1]

摘　要　高校国际化是现在高校发展的必然趋势。本文针对高校国际化发展的内涵和趋势，分析了高校在国际化背景下图书馆服务工作的特点，结合我院图书馆服务工作现状及存在的问题，提出在国际化背景下高校图书馆如何进行制度改革：确立先进的服务理念、安排国际化的文献信息资源、创建国际化的服务模式、培养国际化服务的素质。

关键词　国际化；高校；图书馆；制度

一、高校国际化发展的内涵和趋势

1986年，在亚洲高等教育国际讨论会上，日本广岛大学教育研究所的喜多村和之教授提出了衡量高等教育国际化的三条标准，即通用性、交流性和开放性。他认为："首先，所谓'国际化'就是指本国文化被别的国家与民族所承认、接受并得到相当的评价。一个国家大学的学术水平在国际上获得一定的评价，就意味着该大学的教育、研究的机能和制度是国际上普遍存在的，它为外国学者和留学生所接受，在国际社会里具有一定的通用性。第二，确立能够活跃于不同国籍、不同民族的学者和文化间的交际、交流、交换的章程与制度，并使之发挥恰到好处的作用。例如，完善大学在教育、研究领域进行国际交流的章程、规则与制度，使之适合外国研究学者和留学生的要求，发挥相应的作用。第三，'国际化'就是指像对待本国人一样平等看待有着不同文化背景的异国的个人与组织。在大学里，应使外籍教师享有与本国教师同等的资格、待遇，并接纳他们

---

[1] 作者简介：陈冬阳（1993—），女，北京联合大学商务学院国际商务系工商（1101）班学生。

为教授会成员；对外籍学生也应不分国籍与出身，一视同仁。”全美州立院校联合会在督促美国应该加快教育国际化的报告中认为学生应接受正确反映全世界社会、政治、文化和经济的全方位的国际化教育；“应受到国际对话技术的教育，使他们具备适应多变的国际环境的能力。在复杂条件下做出准确判断和进行有效工作的品质”；“教育界应改变那种‘只扫门前雪’的封闭式教育观念，积极研究全球性问题，通过国际教育交流项目、技术支持等方式，加强同外部世界的联系。”国际教育发展委员会主席埃德加·富尔起草的报告《学会生存——教育世界的今天和明天》认为，教育国际化就是要求教育“反映出各国共同的抱负、问题和倾向，反映出它们走向同一目的的行动。其必然的结果则是各国政府和各个民族之间的基本团结”；“在消除了偏见与沉默的情况下，以一种真正的国际精神发展相互间的接触”。高等教育国际化问题在我国亦引起了研究人员的极大兴趣。南京大学龚放教授认为，在说某一国的大学教育业已“国际化”了时，就意味着“第一，该国的大学教育具有相当高的学术水平和教育质量，因而得到其他民族和国家的承认和重视；第二，该国的大学教育内容具有相当的广度和深度，能够培养‘面向世界’的优秀人才，科研力量十分雄厚，地区性、全球性的研究课题占很大比重，科研成果在国际上有重大影响；第三，该国的大学教育制度有足够的弹性，能够向世界开放，与各国交流。既能输送本国学者和留学生，又能接纳外国学者和留学生；既能扬己所长，远播海外，又能借他山之石以攻玉，进行消化与吸收。这样一个‘国际化’了的大学教育是一个先进的、开放的、充满活力的体系。它正是人们为适应今天的竞争、迎接未来的挑战而孜孜以求的、近乎理想的大学教育模式”。高等教育国际化通常是指跨国界、跨民族、跨文化的高等教育的交流与合作，即一个国家面向世界发展本国高等教育的思想理论、国际化活动以及与他国开展的相互交流与合作。

综上所述，我们认为所谓高等教育的国际化是指高等教育要面向世界、面向未来，要以具体多样的高等教育国际交流与合作为载体，吸收、借鉴世界各国的高等教育办学理念和办学模式以及它们的文化传统、价值观念和行为方式，实现提高人才培养质量、推动本国高等教育的现代化进程，促进本国和世界经济发展，实现人类相互理解与尊重的过程。

二、国际化背景下高校图书馆服务工作的特点

（一）图书馆服务对象国际化

在高校教育国际化趋势下，来华的留学生、教师、学者日益增多，使得图书馆服务对象呈现国际化，特别是留学生人数，除2003年受“非典”疫情影响外，近10年每年同比增长速度在10%以上。

（二）图书馆服务内容国际化

高校图书馆是面向校内的科研工作者和学生，在服务对象国际化趋势下，用户的需求定位发生了变化，使得图书馆服务内容也发生了变化。在高等教育国际化的背景下，作为高校首要工作的教学工作，在办学模式、教学管理、课程设置和课程教学等方面都有必要做出相应的调整，如建立有关国际教育的新学科，增设相关专业或在原有课程中增设国际性内容，开设全英语、双语教学等。

（三）图书馆服务方式国际化

随着知识经济全球化，各国都非常重视教育合作的国际化，各种专门的国际性教育组织机构也不断涌现，国际间的交流与合作增多。国际图联（全称为国际图书馆协会与机构联合会）是一个独立的、非政府性的国际组织。在高校图书馆不断走向国际化的进程中，服务方式也趋于国际化；一方面图书馆服务工作不仅仅局限于实地服务，也可以通过网络进行远程和虚拟服务；另一方面除了传统的服务方式，要能提供创造性的新型服务方式来满足实际用户的需求。

三、商务学院图书馆国际化服务工作制度改革

（一）确立先进的服务理念

高校图书馆要为高校教育国家化发展贡献力量，前提是确立国际化的先进服务理念。要变被动为主动，主动出击，加强与用户的沟通交流。

（二）建立国际化的文献信息资源库

作为高校文献信息中心，要不断优化馆藏文献信息资源，逐步实现馆藏资源的国际化，为高等教育国际化服务。可以从以下几个方面入手：订购原版外文文

献，满足师生要求；不断深化图书馆服务内容；举办外文书展，满足外文教材需求征订；加强外文数字资源建设。

（三）创建国际化的服务模式

首先，通过开展学科馆员服务，让馆员能对某专业学生进行对接服务。其次，开展素养培训，让馆员更加了解藏书位置等。最后，合理利用图书馆的硬件设施，使其变成各种活动的平台。

（四）培养国际化的服务素质

图书馆工作的好坏关键在于图书馆工作者。为了适应高等教育国际化发展，需要不断提高图书馆工作人员的水平，培养其国际化服务的素质。

结束语

图书馆国际化是图书馆事业发展的一个重要趋势，也是高校图书馆发展的必由之路。高校图书馆应该抓住机遇，充分挖掘自身优势，制定出切实可行的策略，加快我国高校图书馆国际化的步伐，积极为高校教育国际化发展贡献力量。

参考文献：

[1] 陈学飞．高等教育国家化：跨世界的大趋势［M］．福州：福建教育出版社，2002．
[2] 中国教育年鉴（2001—2011 年）．
[3] 李雯，凌美秀．高等教育国际化背景下高校图书馆信息服务对策研究［J］．高校图书馆工作，2006（5）．
[4] 滕宇晴．高等教育国际化背景下的高校外事管理工作中的突出问题及对策［J］．中国市场．2012（52）．

高等教育国际化背景下
高校图书馆信息服务对策研究

陈飞燕[1]

摘　要　为学校教学科研提供高效的信息服务是高校图书馆工作的核心。当前国际化环境下，如何提高信息服务能力和服务质量是值得高校图书馆深思和探索的一个问题。本文从信息资源配置与开发、多元化服务方式、馆员素质等方面提出了图书馆应采取积极有效的措施拓展服务领域、深化信息服务、提高服务质量的建议。

关键词　高校图书馆；信息资源开发；信息服务；服务方式

一、高等教育国际化的含义及发展趋势

关于高等教育国际化的含义，许多专家和学者仁者见仁、智者见智，但是至今仍无明确并统一的界定。一般关于“高等教育国际化”的定义大致可以分为两类：“方法说”和“过程说”。所谓“方法说”主要是从各种各样的具体活动出发来界定高等教育国际化。这些活动主要包括课程的改革、人员的国际交流、技术援助、合作研究等方面。持这类观点的学者以美国的阿勒姆（Arum）和瓦特（Water）为代表。他们给出的高等教育国际化的定义是：“与国际研究、国际教育交流与技术合作有关的各种活动、计划和服务。”所谓“过程论”，则是把国际化看作是将国际的维度或观念融入高等学校的各主要功能之中的过程。如奈特（Jane Knight）认为国际化是将“国际的维度”整合到高等学校的教学、研究

---

[1] 作者简介：陈飞燕（1993—），女，北京联合大学商务学院国际商务系商务（1001）班学生。

和服务等诸项功能中的过程。其中所谓的“国际的维度”主要是指国际的、跨文化的、全球的观念。成立于1989年的欧洲国际教育协会曾申明“国际化是一个总体的过程，在这一过程中，高等教育更少地趋向于本国，更多地趋向于国际发展”。这是目前得到较广泛认可的界定高等教育国际化的一种解说。

当今世界愈来愈强调国际间的交流与合作，各国的教育也必须吸收外来的教育营养才能发展壮大。近年来，随着各国政府对高等教育国际交流与合作重视程度的不断提高，同时也由于国际间竞争的加剧和信息技术的广泛应用，高等教育国际化呈现出一些新的发展趋势。集中体现在以下几方面。

（一）合作办学在高等教育国际化中的作用日益受到重视

发达国家和一些发展中国家认为，高等教育也是一种产业和商品，也可以“出口”。发达国家借此解决其学额过剩、经费不足等问题，同时还宣扬其教育制度、文化和价值观。发展中国家则认为，合作办学是借鉴发达国家的办学经验、促进本国高等教育国际化的捷径，既可节省派送大量学生出国所耗费的外汇，又可使学生留在本国而少受西方文化和价值观的影响。一些西方名牌高校增设专人甚至专门机构，拓展海外课程，建立海外分校。一些发展中国家如泰国、马来西亚等，则放宽限制，积极探索利用这种形式促进本国高等教育国际化。

（二）高等教育国际交流的主体改变了

20世纪80年代以前，政府是高等教育交流的主体。美、英、法等发达国家为了扩大本国在政治、经济、文化等方面对受援国的影响，不惜动用大量资金，积极推进对发展中国家的高等教育援助。80年代后，随着高等教育朝着贸易方向发展及引进市场机制，高校发现既可以从外国留学生身上赚取大量经费，又可扩大本校的影响，因而积极投身于对外交流，千方百计吸引外国自费留学生。高校遂日益成为高等教育国际交流的主体，政府则退居次要地位。

（三）受经济利益的驱动，许多国家的大学和政府积极开展对外交流，大大推动了高等教育国际化的进程，突出表现为世界留学生的规模急剧扩大

据统计，1960年全世界留学生人数约25万，60年代末已近50万，80年代末超过100万，目前约有150万。资料表明发达国家接纳了大部分留学生，在美国的留学生占世界留学生总数的近30%，处于主导地位。发展中国家则是输出

留学生的主要国家，亚洲国家派出的留学生最多。发达国家互派留学生也呈增长趋势。从留学生人数迅猛增长可以看出，几乎世界上所有重要国家都被卷入了国际留学生大市场，高等教育国际化的发展速度大大加快，规模也迅速扩大了。

（四）高等教育的国际化向深层次发展，各国高等教育课程发生了显著变化

美国高校为了实现课程的国际化，采取了多种多样的措施，如在普通教育的核心课程中增加关于世界文明、世界史和外国语的要求；增设和加强地区研究和国际研究方面的主修、辅修和专攻计划；在工程、工商管理、教育等专门领域的教学中增加国际方面的内容，开设如何运用高技术进行国际学习和研究的课程；等等。具有国际性内容的课程在美国高校已相当普遍。其他发达国家也都以国际化为原则对高等教育的内容进行了调整。发展中国家向发达国家高等教育学习的过程也推进到了课程层面。近年来我国许多高校都开设了世界经济、国际金融、国际贸易、国际经济法等新专业。课程的国际化是高等教育国际化的基本要素之一，标志着高等教育的国际化已发展到了实质性阶段。

二、开展多元化的信息服务

在新的信息环境下，高校图书馆不仅仅是一个文献信息中心，更是一个现代化知识的信息化多元服务中心。立足于高校读者群体的特点和需要，开展多元化服务模式是信息环境下深化服务的根本保证。

（一）整合信息资源，提供一站式服务

所谓信息资源整合，是依据一定的需要，对各个相对独立的信息资源系统中的数据对象、功能结构及其互动关系进行融合、类聚和重组，重新结合为一个新的有机整体，形成一个性能更好、效率更高、使用更便捷的新的信息资源体系。高校图书馆的信息资源普遍存在文献类型多、存储介质多、操作系统多、交互界面多、检索途径多等异质异构现象，给读者查找所需知识信息带来了极大的不便。针对这个矛盾，许多高校图书馆对格式各异、相对独立的联机数据库、光盘数据库、自建数据库、电子书刊、学科导航库、网络资源等数据资源进行一致化的数字处理，实现各种资源间的无缝链接，形成一个跨平台、跨数据库、跨内容的新型信息资源体系。通过对单个数据库和零散信息资源的数据整合，突破了信

息资源地域和时间上的限制，建立信息资源的协调化、集成化体系，从而消除信息孤岛，解决有限的信息收藏和无限的用户信息需求之间的矛盾，促进信息资源的有序化，为用户提供一站式服务。

（二）建立学科馆员制度，深化服务内容

所谓学科馆员，是指由具有相应专业背景的、以学科为对象提供对口服务的图书馆馆员。清华大学图书馆馆长刘桂林曾在一篇文章中指出：21 世纪的图书馆应办成“研究型”图书馆，一方面要为教学科研服务，另一方面它应该具有支持高校高水平、多学科的科研及培养高层次研究型人才的能力。因此，要使大学图书馆适应高等教育的发展，真正成为研究型图书馆就必须建立学科馆员制度。学科馆员制度的推行缩小了图书馆与各院系的距离，扩大了图书馆的服务领域，提升了图书馆的服务层次。其服务内容更加侧重于与用户的交流，深入用户的科研或教学活动过程中，帮助用户发现和提供更多的专业资源和信息导航，为用户的研究和工作提供针对性强的信息资源。学科馆员制度使大学图书馆真正融入学校的教学科研中，使各种形式、各种载体的文献信息资源得以较为充分地揭示和有效地利用。这是一种高水平、深层次、主动性和研究型的服务。这对有效地提升图书馆的学术地位，树立新型图书馆员的良好形象将起到积极的促进作用。

（三）建立信息服务团队，开展学科知识专业化服务

从管理学的角度来看，团队是指一些才能互补、团结和谐并为负有共同责任的统一目标和标准而奉献的一群人。随着信息化的迅速发展，用户信息资源的需求呈现多元化、专业化和个性化的发展趋势。为用户提供高效、优质的信息资源服务是当前高校图书馆建设的工作目标，而这一目标的实现依赖于先进技术、高素质、优秀的信息服务团队。因此，高校图书馆应依据馆员自身的学科知识背景，组建一支知识结构合理的、高素质的信息服务团队，充分发挥个体成员和团队能力，团结协作、互相支持，以为用户提供高质量、高水平的知识服务作为最终的共同目标，深入开发馆藏和网络信息资源，及时跟踪学术发展动态，全面、快捷、精准、灵活地为教师和科研人员开发多层次、多学科、专业化、深层次的学科知识专业化服务。

（四）建立重点学科信息服务平台，提供个性化服务

重点学科的建设和发展决定了高校图书馆发展的方向。图书馆文献信息资源

是重点学科建设发展的基础，是重点学科信息体系建设的保障。二者之间相互支持、相互依存。个性化信息服务是近年来基于网络提出的一种新型图书馆服务方式，在我国高校图书馆方兴未艾，它是一种能够满足读者个体信息需求的服务。高校图书馆应组织具有专业背景的业务骨干，经常深入院系，与学科带头人或学科专家交流、沟通，建立互动平台，及时了解其教学、科研的发展状态及用户的信息需求，并与重点学科建设的负责人加强联系，定人、定向、定题重点跟踪服务。要充分利用当今时代高度发达的计算机技术与网络技术，围绕重点学科建设，及时把握重点学科建设和发展的新动态，形成重点学科专题数据库，做好网络信息资源导航服务，建立重点学科信息服务平台，通过图书馆主页上的个性化信息服务平台，开展网络化的信息服务，为重点学科的重点用户提供精准、及时、高效、深层次的个性化信息服务。

（五）构建面向学生用户的专门性信息服务中心

研究大学生信息需求是高校图书馆全面、系统、深入地了解大学生信息需求和有针对性地开展信息服务的前提条件。通过对大学生信息需求的调研分析，发现大学生的信息需求不仅与学历层次和学校层次有关，还与年级高低有关。大学生随着年级的提高和专业学习的深入，对相关的专业信息、考试信息、就业信息的需求越来越大，如高年级学生面临撰写毕业论文、考研深造、出国留学、择业等诸多关系前途和命运的问题。随着社会的发展，高校学生就业竞争日趋激烈，各种认证和资格考试持续升温，用户对各种考试信息需求越来越大。因此，高校图书馆应根据大学生的信息需求，建立专门信息服务中心。如针对英语和计算机的等级考试，在图书馆设立由专人负责的英语四六级考试、计算机等级考试、研究生入学考试等信息服务中心，广泛、全面地搜集各类考试的考题资料，利用现代化的技术手段，建立支持各类考试的试题资源数据库，以便更好地满足广大学生的信息需求，提升大学生对高校图书馆信息服务的满意度。

（六）拓宽服务对象，开发学校决策信息服务体系

决策是学校领导工作中的核心内容，要做出正确的决策，关键是依靠大量准确、完善的信息。高校图书馆不仅要开展面对大众的学科信息服务、个性化主动式的垂直信息服务，还要开展面对学校决策层的深层次信息服务。因此，高校图书馆要建立一支专门为学校决策层进行信息服务的个性化信息服务团队，充分利用图书馆的信息资源，依据决策层的信息需求，有针对性地编制一些具有时效的

特色信息刊物，如高等教育发展政策研究、国内外高校发展动态、教育信息汇编等，及时地为学校决策层决策提供信息服务。拓宽服务对象，开发和建立学校决策信息服务体系，是提升高校图书馆深层次信息服务的有效手段，这不仅有利于学校的建设与发展，同时也有利于提高图书馆的公众形象。

（七）开展社会服务，构建社会化信息服务平台

高校图书馆开展社会化服务是社会发展、建设学习型社会和高校实现自身社会价值的需要。随着高校图书馆自动化、网络化、数字化程度的提高，开展社会化服务已经成为可能。高校图书馆服务的社会化其实质就是发展更多的读者，将图书馆与各类型读者联系起来，满足外来读者全方位、多角度获取信息的需求，提高馆藏利用率。作为高校图书馆，尤其是地方高校图书馆，更要将自身置于社会信息交流和知识服务的大系统中，充分利用本馆的人才优势、资源优势、技术优势，在做好为本校师生信息服务的同时，为周边区域政治、经济的发展、科学研究和领导决策进行市场化服务。特别是在当今网络环境下，地方高校图书馆应抓住信息服务社会化的机遇，利用现代化的信息技术服务手段，构建社会化信息服务平台，对外开展信息咨询、数据库信息二次开发等信息服务。要以积极的、自觉的“抢滩意识”迅速成为周边区域内的信息服务主要提供者，以优质的信息产品占领区域信息服务市场，树立信息服务社会品牌，提高图书馆信息服务的核心竞争力。

（八）加强信息服务营销管理，打造信息服务品牌

建立图书馆的信息营销战略和实施信息营销服务，主动及时地深入用户科研活动过程来灵活地提供咨询服务，协助用户进行知识管理，根据各类型的信息需求进行服务营销，提供信息产品和服务，以满足用户的信息需求，提升图书馆在信息服务中的竞争力。同时，要利用现代信息技术条件，开展各种形式的信息服务营销活动以达到吸引用户的目的，树立图书馆在用户心目中的良好形象，打造服务品牌，扩大图书馆的影响。提高服务质量，开发特色资源，创立服务品牌，是信息服务机构谋求发展的重要途径。图书馆的品牌不仅是图书馆服务水平与服务深度的标志，也是图书馆文化的体现。通过实施品牌战略活动，使读者真正感受到人性化的服务环境、真诚的服务态度、熟练的服务技能、多元化的服务方式、更为丰富的服务项目。加强对信息资源的搜集和整理，建立独具特色的数据库，开发与众不同的信息服务，以特色制造亮点，吸引读者，赢得市场。对信息

服务从广度、深度上进行全方位开发和延伸，研发不同类型、不同用途的系列信息产品，不断强化读者对信息产品的良好印象，使他们从心理上对信息服务产生信任感和依赖感，在读者心目中形成良好的定式。

参考文献：

[1] 陈学飞．高等教育国际化：跨世界的大趋势［M］．福州：福建教育出版社，2002.

[2] 赵蒙成，周川．高等教育国际化的新趋势及我国的对策［J］．扬州大学学报，2000（1）：10.

[3] 顾永才．高等教育的国际化趋势及其对高校图书馆的新要求［J］．黄克海编译．外国教育研究，1992（1）：30.

[4] 李雯，凌美秀．高等教育国际化背景下高校图书馆信息服务对策研究［J］．高校图书馆，2006（5）：41.

[5] 赵大志．高等教育国际化与高校图书馆文献服务［J］．攀枝花学院学报，2002（8）：46-47.

国际化背景下商院对大学生竞争意识培养的研究

陈　焕[1]

摘　要　竞争意识是素质教育的关键，随着社会主义市场经济的发展，竞争已渗透到社会生活的各个领域，竞争是一把双刃剑，为个体带来广阔发展空间的同时也带来严峻的挑战。身为高校的大学生也面临着同样的问题，如何以积极健康的心态参与到激烈的竞争中去，本文从自身、高校辅导员和学校的角度出发，提出不断强化大学生的竞争意识与专业技能，是大学生素质教育亟待解决的问题。

关键词　国际化办学；竞争意识；大学生

引言

大学生是我国社会主义现代化建设与发展的强有力的保障，是我们伟大祖国未来腾飞的希望，更是我们伟大中华民族振兴的脊梁。因此，从许多方面来说大学生应该是我们学习的榜样与楷模。但是，现实远不是如此，当社会的温情一点点地消退，冷漠在不断加剧时，在一代又一代青年人的社会责任感不断下降之时，当大学生不堪生活的重压一次又一次选择走向极端时……我们深刻地感到我们应该重新审视当代我们培育的一批又一批的大学生，尤其是对于他们的竞争意识的培养，是不是也应有所调整与改进。

本文将从以下三个大的方面去探究如何在国际化的条件下提升学生的竞争意识。

[1] 作者简介：陈焕（1992—），男，北京联合大学商务学院财务管理（1102B）班。

一、内化自身，从自我做起

（一）重视专业课程的学习，为将来职业发展打下坚实的基础

在商院学习与生活了两年，笔者印象最为深刻的就是学校课程体系设置的完备性。在大一和大二的两年里，学校重点培养我们学科大类的学习能力，通过对基础大类知识的掌握，为将来专业课程的学习打下一个稳固的基础。而进入大三后，就开始了最为紧张与系统的专业课程的学习，在学习本门专业的核心课程时，一方面，要有学习的重难点，摒弃粗略，强化自身专业能力的培养；另一方面，因为现在学校课程的设置都与将来学生在相关岗位的就业有很大关系，因此，这更有利于我们熟悉与了解我们将来所选择的职业，知其变化，及时调整自己的学习目标与方向。

（二）强化外语学习，为将来深造做准备

在竞争日益激烈的今天，掌握至少一门外语是很有必要的。无论是未来打算考研、出国，抑或是就业，如果自身没有一门能熟练运用的外语的话，你迟早要被社会所淘汰。自从中国加入 WTO 以来，中国与其他国家的贸易往来不断增强，经济的联系也在不断地增强，不管是人才走出去，还是人才引进来，沟通交流是合作的第一个首要条件。所以，在学习方式与学习资源多元化的今天，我们要强化外语的学习与掌握，让语言成为自己内心真正所属并且能够运用自如的东西。

（三）发挥体育竞技功能，培养良好的竞争意识

竞争意识已经成为当今世界的一个主流意识了，作为学校教育重要组成部分的体育教学是培养学生良好竞争意识的有效途径。在学校体育教学活动中，我们要充分发挥体育竞技的这种功能，有意识地利用体育比赛这个杠杆，培养学生良好的竞争意识。更为重要的是，为自己将来职业的发展积攒更为充足的身体素质能量。

（四）培育良好的心理素质，提升自我竞争意识

学生素质的提升是一个综合的结果，是一个全面、整体的过程，而心理素质在整个素质结构中处于基础地位，它参与人的其他素质的形成和发展，对人的行为起着驱动和制约的作用，并直接影响行为的效率。但是，现在的教育体制更多的是倾向于专业知识的培养，却忽视了其他素质的锻炼。比如，每年有很多大学

生会因为许多原因而焦躁、抑郁，甚至走上自杀的道路。试问，这些问题仅仅是依靠专业知识的学习就能解决的吗？答案当然是否定的。因此，在现在的教育环境下，我们自身要做好的就是，培育一颗积极健康进取的心，从生活中的点点滴滴提升自我的心理素质，不以物喜，不以己悲。未来的生活是不可知的，我们唯一能做的就是造就一个强大的自己，勇敢地迎接生活带给我们的挫折与磨难，唯有如此，才能让我们的人生更加完满。

二、加强辅导员的引导作用

高校辅导员的地位和角色其实是多方面的，他们一方面充当的是老师教书育人的严厉角色，另一方面他们又是和同学们畅聊心声的好朋友，真可谓是亦师亦友。在大学的求学与生活当中，大学生会遇见形形色色的问题，会遭遇许多的挑战和挫折，这时，辅导员的工作就显得格外重要，因为他们与学生最贴近，最了解学生的各种生活状态。同时，高校辅导员的工作可能会涉及很多方面，比如，学生的团学工作、心理辅导以及学生管理等。因此，这就更需要辅导员自身要有很强的专业能力，更要加强自己的责任感。大学教育是一个人一生高等教育的开端，当然，大学是一个自我锻炼、自我提高、自我成长的平台，它不会有任何的强制与逼迫。但是，及时正确的引导不可或缺，甚至可以说是十分必需的，这时，辅导员就应该及时地给予学生帮助。

大学辅导员应该如何培养大学生的竞争意识呢？

（一）团学工作

现如今，各大高校都热衷于开展各种竞争竞赛活动，比如，运动会、学校辩论大赛、英语演讲比赛等，这些活动都在不断地锻炼着学生们的创新能力、组织能力、管理能力等。与此同时，高校的社会实践活动也丰富多彩，社会实践活动能够让学生拉近与现实生活的距离，能够更加直接地提升大学生的社会实践能力。所以，辅导员应该很好地利用这些机会来增强学生们的竞争意识，更加积极鼓励他们参与这些竞赛活动，展示自己。一方面，要给予他们更多的支持与鼓励，另一方面，要及时地给予他们帮助与关爱。

（二）学生管理

在学生管理方面，要加强校风和学风建设、弘扬正气、治理歪风等。加强对学生竞争意识的培养，促使他们在心理上、思想上逐渐走向成熟，从而促使其内因发生变化，成为真正具有竞争力的人才。

（三）思政教育

辅导员一般都接受过高等思政教育的学习，因此，辅导员也要重视对大学生们进行思想政治教育。辅导员要通过开展相关活动，通过组织学生学习探讨我党我国政府的最新政策，通过督导学习相关课程来帮助大学生们树立正确的人生观、价值观和世界观。

（四）心理教育

作为一名负责任的辅导员，应主动及时地发现学生当前存在的一些问题。这些问题很可能就是一些心理问题，比如，考试失利了、恋爱分手了等诸如此类的问题。辅导员应该放下手中的工作，主动积极地找同学进行沟通，了解问题的症结所在，及时地解决问题。同时，在生活中，辅导员也应增强与学生的交流沟通，多增强学生的自信心，提高学生的抗挫折和抗压能力，帮助学生正确地处理自己与他人的关系，塑造一个健康的心灵。

三、增强学校整体实力，提升学生竞争素养

（一）加强国际交流与合作，建立与国际接轨的办学体系

一是要扩大国际教育交流与合作。为充分利用我院的优势与特色，我们积极开展国际间的教育交流与合作。近几年来，我院与加拿大温尼伯大学、英国西苏格兰大学、美国爱治伍德学院等开展了一系列的合作办学活动，不仅促进了国家之间文化的了解与理解，而且也增强了两国学生之间竞争意识的提高。同时，商院也加强了教师素质能力的培养，通过访问、进修、公派学习等方式，不仅增强了商院教师的竞争能力，更加提升了商院教师的综合素质，为商院国际化办学的发展贡献出更多的力量。

二是要加强国际体验活动。多年来，商务学院注重学生国际化的体验活动。比如，选派我院学生赴韩国首尔市立大学交流学习，选派我院学生赴香港岭南大学交换学习，以及参加英国格鲁斯特大学夏令营体验项目和赴美带薪实习等活动。这些活动的开展给商院的同学带来了很多的益处。一方面，这些活动能够锻炼学生的口语能力，提升自身的沟通交流能力；另一方面，也能体验不同国家、

不同企业的文化环境，收获学习与工作的经验，增强自己的就业优势。

（二）深化课改，创造有个性的特色教育

为了创建一个国际化办学的学校，学校要把个性化教学和学生的个性化发展作为自己工作的重心。学校要着力加强学生与老师的联系，采取各种有利于学生学习的教学方式，比如，分层教学、体验教学、师生互动交流教学，等等。学校要不断地调整与改进教师的教学方式与教学方法，鼓励老师采取更有创新意义的教学方式，改变传统的教育模式，多吸取他人成功的经验，不拘一格，形成自己独特、高效、有趣、生动的教学模式。而作为学生，必须严格要求自己，积极转变自己的学习方式，采取更多创新高效的学习方法提高自身的学习效率。同时，要积极主动地涉猎多方面的知识，拓展自己知识的宽度与广度，增强自身的竞争能力。

（三）面向未来，建设特色校园文化

一是开展丰富多彩的校园文化活动。比如，英语文化周活动、青年歌手大赛、红五月等活动，这些活动不仅能够丰富大学生的课外生活，增添校园的文化活力，更能促进大学生之间的交流，培养大学生的沟通交流、组织与管理能力。

二是加强道德品质教育。当代大学生除了要有渊博的知识之外，最为重要的就是树立自己正确的世界观、人生观、价值观。学校应该加强重视，通过这种活动引导学生树立正确的“三观”，为祖国未来的发展打下一个坚实的基础。

三是加强体育、美育和心理健康教育。学校通过体育课和体育活动，对学生进行选项教学，培养学生的体育技能；通过音乐和美术教学，培养学生的艺术素养，提高学生的艺术鉴赏能力；重视心理健康课和心理健康教育，开办了心理健康课和心理健康活动室。学校要求，每个学生在校学习期间，要掌握两种以上体育技能和艺术特长。

结束语

在这个知识爆炸的时代，信息的传播与发展是瞬息万变的，当然竞争也是伴随我们一生的，因此，我们必须时时刻刻居安思危，以积极健康的心态参与到激烈的竞争当中去，并且不断地强化自己的竞争意识，最终赢得人生道路上的胜利。

参考文献：

[1] 刘险得. 浅谈大学生素质教育——基于责任意识、协作意识和竞争意识培养的视角 [J]. 赤峰学院学报，2006 (9)：180-181.

[2] 宋建华，周萍. 对高校体育培养大学生竞争意识的调查研究 [J]. 学术论丛，2009：117-118.

[3] 阿不都拉·伊斯曼. 新时期大学生竞争意识培养的探索 [J]. 新疆大学学报，2002：162-163.

[4] 焦军豪. 高校辅导员如何培养大学生的竞争意识 [J]. 驻马店职业技术学院学报，2012 (2)：44-45.

[5] 杨白莉. 走国际化办学道路培养国际化人才 [J]. 长春外国语学校学报，2012 (11)：21-22.

国际化背景下校企结合的教育模式对大学生就业的重要性

邓 微[1]

摘 要 现如今，大学生就业难的现象已普遍存在，择业就业的压力使得很多大学生从进入大学的第一天起就开始为了未来而不断进行着自我积累。所以，构建以大学校园为依托、以企业需要为导向的新的大学生就业培养模式，使高校真正成为企业的战略后方和技术支持，对于大学生就业而言就显得尤为重要。“校企结合”的大学生就业教育模式，力求使大学生以就业为目的进行有针对性的学习，在理论中追求实践培养大学生的就业能力。

关键词 校企结合；大学生就业；教育模式

引言

根据国务院办公厅发布的《关于做好2013年全国普通高等学校毕业生就业工作的通知》可知，当前，国内经济趋稳的基础还不够稳固，全社会宏观就业压力增大。2013年，全国普通高校毕业生规模达到699万人，比2012年增加19万人，高校毕业生就业形势更加复杂严峻。

每年，应届大学生的就业情况都广受关注。据人力资源和社会保障部数据，2012年，我国城镇需要就业的劳动力从2011年的2400万人增加到了2500万人，就业形势非常严峻。其中，就业主力军——高校毕业生的规模也在逐年扩大。2010年，全国毕业生为630万，2011年达到了660万，2012年则增长到了680

[1] 作者简介：邓微（1991—），女，北京联合大学商务学院商务第（1001）班学生。

万人。2013 年的毕业生人数再创历史新高，严峻的就业形势令很多学生忧心忡忡。

近日，一家社会调查机构进行的调查显示，受宏观经济形势影响，2013 年企业用人规模缩减，2013 年本科生签约率比 2012 年低了很多。很多学生都在网上吐槽，面对工作，学生们都从校园招聘中体会到了不容易。

很多学生在校期间做过很多兼职，积累了大量的工作经验，但是却不被招聘单位认可，原因在于实习的质量和档次。招聘单位在意的是与本行业相关的工作经验以及实习单位在业界的影响力。很多毕业生盲目积累工作经验，一方面荒废了自己的学业，另一方面工作经验并不被招聘单位认可；“校企结合”的教育模式则可以帮助学生高起点实习，高起点就业，可以有效地提高学生实习的质量和档次。

一、构建“校企结合三赢模式”的基本理念

（一）重视学生社会实践和动手能力的培养，实行开放式教学

几十年来，我们的教学模式已暴露出严重弊端，与社会发展严重脱节，更不要提充分发挥学生的能动性了。学校只重视书本学习，重视考试成绩，而忽视了学生的实践能力，或者说似乎就是要让学生从学校毕业之后，走到社会再去“实习”，再去实践，从而掌握各种技能，学会生存。可这样做的结果，直白点说，就是学校培养的很大一部分人才并不适合社会需要，于是有很多人读了十几年书，大学毕业后却找不到合适的工作。

时下，不少刚刚走出校门的大学生抱怨用人单位筑起一道道“工作经验”的门槛，制约了他们的择业选择。企业要求的是真正的“工作实践经验”。前不久，某省高校对即将毕业的近千名大学生进行了问卷调查，结果发现，68.09%的大学生认为，在择业中最缺乏的是实践工作经验，这也是参加招聘时最令人尴尬的“短处”之一。调查表明，约有 27% 的人力资源主管认为应聘者的工作经验越实用越容易被录用，超过七成的跨国企业会根据具体职位的要求选择应聘者。在现实中，把工作经验看得比学历和学校更为重要的招聘单位并不在少数：“名校出身、本科学历还抵不上两年工作经验”——对招聘单位的工作经验准入门槛“恨之切切”的应届大学生也不在少数。这充分说明，企业不是不招聘毕

业生，而是毕业生“技能与经验”缺失，不能满足“上岗即工作”的基本要求。

实践活动可以使学生亲自感受具体而丰富的客观世界，激发他们创新的好奇心和求知欲，锻炼他们的动手能力和实践能力，使他们在实践过程中发现问题，并寻求解决问题的办法。实践活动还有利于培养学生勇于探索、不怕挫折、敢于创新等方面的创造性个性品质。

（二）培养学生互助合作的团队精神

团队合作是一种为达到既定目标所显现出来的自愿合作和协同努力的精神。团队合作是一种永无止境的过程，虽然合作的成败取决于各成员的态度，但是，维系成员之间的合作关系却是我们责无旁贷的工作。在追求个人成功的过程中，我们离不开团队合作。因为，没有一个人是万能的，即使神通广大的孙悟空，也无法独自完成取经大任。然而，我们却能通过建立人际关系，通过别人的帮助，来弥补自身的不足。对于团队而言，伙伴之间的友好相处和相互协作至关重要。无论是力量型的人、完美型的人、活泼型的人，还是和平型的人，都可以凭借自己的性格魅力，来赢得团队伙伴的支持。这样一来，我们就能够实现个人与团队的共同成功。团队精神可以让我们学会包容、谅解，学会团结、忍让。

在21世纪的今天，团队精神越来越被看重，然而当前，很多大学生喜欢我行我素，缺少互帮互助的热情，习惯于自我奋斗，不主动与他人合作。

在实践过程中，通过小组的形式建立合作关系，培养学生的团队精神，在明确的协作目标下产生巨大的向心力和凝聚力，充分发挥集体的潜能，使学生了解无论做什么事情，个人的力量是远远不够的，要依靠团队集体的力量，从而为今后的工作奠定基础。

（三）发挥企业在就业与创业教育中的主动性

在新的教育模式下培养的人才，不仅要具备创业的精神，更重要的是要具有创业的能力。这种创业的能力，不仅要求掌握较深厚的理论知识，而且要求在实践过程中不断提升能力。所以，仅有学校单方面的理论教育是远远不够的，还必须从企业的角度对大学生进行实践性的锻炼，学校与企业紧密联合，切实做到理论联系实际，同时使企业在联合中受益，在对大学生的创业教育中变被动配合为主动合作，最终达到“双赢”的目的。

二、"校企结合三赢模式"的构建

"校企结合三赢模式"通过教学体系与实践体系的建立将学校、学生、企业三者有机结合，在三者之间搭建平台，实现学校、学生、企业三方开放式合作，并在教学体系和实践体系之外，有相对独立的评价体系对实施的状况予以评价，并及时反馈，发现问题及时解决。其中包括：学校开展职业生涯导航活动，对学生的未来进行策划；运用创新的教学方法，配合模拟实验教学，为学生提供理论学习及技能培训的良好环境；开展一系列的创新展示活动，为学生在校期间提升创新意识搭建实践锻炼平台；等等。同时，利用企业联合会作为企业与学校合作的中介，在企业建立长期实习基地，教师组织学生进入企业实践等合作渠道，组织实践经验丰富的老师带领学生进入企业参与实践，在指导学生的基础上，为企业提供更多的服务。通过为企业服务得到的研究成果不仅能帮助企业取得更多的效益回报，同时又使学生获得了实践能力的锻炼和创新能力的提升。由于学生在校期间获得了实践锻炼的比较优势，相应地，毕业时在就业方面会有优势。

三、"校企结合三赢模式"的实践体系

通过搭建"校企结合"大学生就业与创业的合作平台，让学生可以以企业"当事人"的姿态投入实践，发现问题并通过对实践案例的分析推导，运用课堂上所学知识进行创新性的思考和分析，在教师指导下独立解决问题，包括独立进行实际调研，独立撰写分析报告。这样学生就能亲自领悟到用所学专业知识解决实际问题的成就感，因此能积极调动学生的主体性、主动性和自主性的发挥。同时，在这个过程中，学生学会了怎样搜集各方面的信息和资料，学会如何对已有的资料做多方面的分析，以促使学生的思维不断深化，并力图在对一个问题寻找多种答案的过程中培养和形成创造性思维的习惯。

学校、学生、企业的开放式合作是构成"实践体系"的基础，这是"校企结合三赢模式"中最为重要的一个阶段。这一阶段采取了三种形式齐头并进，共同促进学校、学生、企业的开放式合作。

（一）让企业提出人才培养要求，学校根据情况实施教学

大学院校应向一些职业院校和中专技术学校学习。以企业需求为出发点，结

合学生自身的要求进行培养，是解决就业的一个有效途径。学校应充分利用企业的有利资源，组织学生到企业参观实习，从根本上调动企业对学生实施创业教育的积极性，使企业在创业教育中发挥主动性。

（二）在企业建立长期的教学实习基地

企业需要的是动手能力强且有创新精神的人才，需要基本功扎实、专业知识强且忠诚度高的人才。学校应坚持把在企业建立教学实习基地作为打造学生技术应用能力的平台，作为提高人才培养质量的基本条件。教学实习基地的建设实现理论教学与实践教学相结合。在实施过程中，转变以课堂为中心的传统教学模式，专业课程普遍采用贴近企业实际的现场教学法，理论与实践相结合，边讲边练，突出学生上岗能力的培养；同时根据岗位能力要求，加大实践教学环节。通过在企业建立长期的教学实习基地，增强与企业的联合，使得对大学生就业与创业的教育具有连贯性与统一性。

（三）教师指导学生进入企业实践

组织学生利用课余时间参加必要的社会实践是十分重要的。现在的大学生很少参加社会实践活动，大学教育应该从最基层、最简单的社会实践活动做起。除此之外，还应有一些复杂的、综合性的社会实践活动的体验，使学生在思想和技能上都能有所提高。

（四）邀请企业家讲座

通过企业家与学生之间积极的交流，并用企业家成功的经历鼓舞当代大学生，从而拉近企业家与大学生的距离，增强企业家与大学生的相互了解，搭建企业家与大学生相互了解的良好平台。

（五）实行企业家导师制

学校可在现有学生辅导员、班导师的基础上，聘请企业家担任学生的课外辅导教师，对学生提供帮助，加强与企业家密切和稳定的联系，学习其创业经验与创业精神，奠定与企业家进一步合作的基础。同时从大三年级开始为学生配备专业学术导师，以便更好地解答学生在专业学习中遇到的问题，并从学生角度出发，指导学生进行课程学习安排与人生规划。

（六）开展职业生涯导航活动

职业生涯导航活动的目的绝不仅仅是协助个人达到和实现个人目标，更重要的是帮助个人真正了解自己。要通过对以往成长经验的反省，来检视自己的价值，并且进一步详细评估内外环境的优势、劣势，设计出合理且可行的职业生涯发展方向。通过举办各种主题班会、演讲比赛、模拟面试、模拟应聘等，让学生在亲力亲为的活动中得到锻炼和提高。

结论

目前，大部分学生的实习都集中在最后一年，往往实习、就业混为一体，学生和家长也往往视实习为就业而忽略了实习仍是学习的一部分。因此，学生在选择实习单位的时候往往要求很高，尤其是对工作环境、工作待遇、企业发展前景等要求过高，而遗忘了实习期应以学习、获得工作经验为根本。

“校企合作”是发挥学校和企业的各自优势，共同培养社会与市场需要的人才，通过校企合作培养有创业能力、能够在生产一线从事生产、管理、服务的技术应用型和技能型人才。通过校企合作，使企业得到人才，学生得到技能，学校得到发展；从而实现学校与企业“优势互补、资源共享、互惠互利、共同发展”的双赢结果。

参考文献：

[1] 蔡炎斌．论大学生创业教育的模式及实现途径［J］．湖湘论坛，2006（1）．
[2] 邓和平．从就业教育到创业教育［J］．世界经理人，2004（8）．
[3] 于忠辉．校企合作教育的理论与实践［J］．河北农业大学学报，2004（4）．

国际化背景下地方高校发展现状分析及策略

董惠弘[1]

摘　要　随着经济全球化进程的快速推进和各国之间的交流合作日益频繁，社会经济的发展对地方高校的国际化发展提出新的需求。本文通过对地方高校的国际化发展现状分析，提出地方高校国际化发展策略：深化国际交流与合作，培养师资队伍建设，开展国际化服务。

关键词　地方高校；国际化；人才；策略

引言

随着经济全球化和区域一体化的不断加强，信息网络技术飞速发展的今天，教育领域的国际化发展趋势也势不可挡。近期出台的《国家中长期教育改革和发展规划纲要（2010—2020年）》提出“加强国际交流与合作，培养大批具有国际视野、通晓国际规则、能够参与国际事务与国际竞争的国际化人才”。在走向国际化的进程中，人才国际化是关键。国际化人才可以从个体和组织两个层面来理解。对个体来说，就是看个人的能力和素质能不能适应国际市场这种竞争的需要，能不能够在跨出国门以后适应国际市场创造价值；而从组织来讲，就是能不能构建一个适应国际人才生存并发展的环境。而国际化人才不等同于外语人才。就地方高校而言，国际化办学既是发展的机遇，又是其在国际化发展中的巨大挑战。因而高校如何在国际化这场大潮流中站稳脚跟、发展自己成为一个重要的分析与研究。但若要研究地方高校的国际化发展策略，使地方高校真正实现国际化发展，首先要了解在地方社会经济发展与发展需求的基础上，结合社会对国际化

[1] 作者简介：董惠弘（1994—），女，北京联合大学商务学院国际商务系财务（1102）班学生。

人才的需求、人才发展规律和教育国际化反正规律，从高校的实际办学实力出发，制定合适的、科学的发展策略，才是地方高校国际化发展的重中之重。

一、全球化背景下社会经济发展对地方高校国际化发展的需求

在经济、政治、文化不断发展的国家化大趋势下，推进区域文化教育和国际化发展的同时，也对文化教育有了更高、更深刻的要求。作为中国的心脏——北京，来自各方面的激烈竞争，使北京高校国际化发展有了更加严格的需求。

（一）对人才培养的国际化需求日益增强

在全球化背景下，国际全球化的竞争不只是经济能力的竞争，而且还有人才与技术的竞争。科学技术是第一生产力，而面对日新月异的高端科学技术以及飞速发展的社会经济，国际性高素质人才的缺乏会极大地限制当地经济的发展。要想跟紧国际化发展的脚步，必须有一批具有专业技能、先进理念的国际化专业人才队伍。虽然越来越多的高校开办了国际经济与贸易、金融等热门专业，但是要想真正与国际接轨，掌握全球化的先进知识与技术，这就对地方高校如何改进对国际化人才的培养及其方式与渠道有了更高的要求，也需要地方高校针对自身发展现状制订合理且有效的前景规划。

（二）对教育服务的国际化需求日益增强

每个人接受教育的权利是相同的，日益一体化的经济发展更是使人们对西方国家有了好奇和向往，甚至掀起了一股“留学热”。近年来，北京经济飞速发展，越来越多的家长及学生都迫切希望能够出国进行深造，与国际化教育接轨，在学习先进文化与技术的同时，加强语言方面的沟通交流，为将来的工作发展打下良好的基础。这也从需求方面使得地方高校对国际化办学的渠道及方法进行了规划和施行。比如，通过各种方式引进先进的教育理念和课程，同时为学生创建出国留学与交流的信息和合作平台，从不同方面提高学生各方面技能，更好地满足社会对国际教育的需求。

二、国际化背景下地方高校国际发展现状

为顺应国际化发展需求，地方高校都努力搭建各种桥梁与国外院校进行交流

合作，建立长期有效的合作办学机制。一方面能够提升为社会经济发展服务的能力，另一方面也提高了市场竞争力。随着北京社会经济的快速发展，越来越多的高校在国际化发展及办学中取得了骄人的成绩。

北京联合大学商务学院结合学科建设方向与人才培养规划，有重点地推进国际合作与交流，努力开展同各个国家与地区的合作交流，开展各色各样的合作办学项目，比如，加拿大温尼伯大学、英国西苏格兰大学、美国爱治伍德学院，其中英国西苏格兰大学与我校合作已长达 8 年之久，培养出了不少的专业化国际人才。这不仅巩固和加强了学校与国外高校的联系，也扩大了学校在海外的影响力。除了合作办学外，我校还组织筹划同英国各大高校的夏令营项目以及选派优秀学生进行交流学习，使学生充分了解国外的风土人情、文化及其他方面。同时我校还开办春季秋季英语讲座，加强学术交流，拓宽学生的国际视野。除此之外，商务学院热情接待来华留学生，举办摄影、绘画等比赛帮助他们了解中国文化，展示中华巨龙的风采，同时还进行中国传统文化的交流互动、参观历史名迹等活动，加强两国学生之间的感情。

国际化办学不断发展，对外交流不断加强，学院对出国培养的力度也不断加大。商务学院积极实施国际化战略，“走出去，引进来”，在国际交流与合作、海外交换生项目以及出国培养等方面都做了大量的工作，并取得了一定的成绩。但是，在发展的同时也会遇到不少困难。比如，学院在国际化办学方面的综合实力还不够强，前期教师外语水平较为薄弱，国际化办学的整体思维还未形成，不能真正地将国际化的思维传递给学生，利用国际化资源服务于社会经济发展的能力还不够。这些问题都要求地方高校制订出切实可行的、科学的国际化发展策略。

三、地方高校国际化发展策略

经济全球化的浪潮席卷而来，世界范围内人才资源和教育资源的流动越来越频繁，竞争越来越强，地方高校也因此承受着严重的冲击和压力，面临着不小的挑战。这就要求地方高校正确认识教育政策和国际教育的趋势，立足当地经济，制订适合自身发展的策略，有效地扩大合作交流，推进国际化合作领域，满足地方社会经济发展的需求。

（一）明确目标，潜移默化地培养学生国际基本意识和能力

以培养高素质国际化人才为培养目标，地方高校应重视培养学生的国际意识、国际常识和国际交往能力。同时也应加强对语言与技术方面的严格把关。安排大学英语、计算机基础及应用、实践素质与文化素质等课程，进一步提高学生的语言应用能力、实践探索能力以及自身的素质。这样不仅可以增强学生的国际交流能力，也可以为学生走出国门奠定良好的基础。同时还要灌输学生对多元文化的理解和包容，用开放的视野接受各民族的文化，体验不同的风土人情。一个潜在的国际化人才首先要有开放的心态。除此之外，作为大学生的我们应该认识到，经济的全球化必然会导致人才竞争的全球化，人才不可能像以前一样，简单地在某个企业、某座城市与小范围的人进行竞争，而是面对整个人才市场的竞争，这个人才市场是跨区域的、全国性乃至全球性的。培养学生的国际基本意识和能力也有利于他们较早地形成人才竞争的危机意识与奋斗精神。

（二）以项目为载体，培养国际化优质人才

目前，学院通过学生互换、学士认定和国际交流等形式，与英、美、加开展了长期有效的合作办学，比如，“3+1”、“2+2” 合作办学项目及与我国台湾和香港地区的交换生项目，整合校内优质教育资源，学习合作院校的办学优势，吸取精华。推进留学生教育，引进优质资源，增进本土教育理念与国际教育理念的融合，增强学院的办学能力。除此之外更要积极寻求更高层次的合作伙伴，积极开展学术交流，增进海外校友联络，这样不仅可以扩大学校在海外的知名度，也可以加强海外华人与当地本土的联系，增强在当地的影响力。

（三）通过开展师生国际化建设，提高教学质量

学院邀请更多的海外知名学者进行合作、讲学，进一步加强现有师资的海外交流与培训，努力引进海外优秀人才，选配一线教师和管理人员开展科研合作，参加国际学术会议，学习世界著名大学的先进教学经验和管理经验，着力打造一支德才兼备的国际化教师队伍，不断增强自身队伍建设，为学生在国际化道路上的发展做好前期准备工作，不断加强教师和管理人员以及学生的国际化意识培养。以加强英语教学为契机，扩大双语教学课程的规模和数量，致力于提升学生各方面的素质，提高学生的国际交流和合作能力。办学质量的提高，将增强学院的办学实力，也将推进与国际教育的接轨，有助于学院做好国际化人才的培养工作，满足当地社会经济对国际专业人才的需求，加强学院的竞争力和影响力。

结束语

随着信息技术和网络的兴起，经济全球化和区域一体化等各种现象逐渐明显，并且发展趋势愈加强劲，“地球村”也在逐步形成。国际化背景下大学的国际化趋势也是经济发展的必然，地方高校要在提前了解发展趋势的前提下，认真分析现状，充分发挥自身优势，不断克服缺点，迎接挑战，寻求适合自身发展的国际化特色道路。

参考文献：

[1] 朱苏飞. 高等教育国际化背景下一般地方高校的发展路径 [J]. 教育与经济，2006 (3).
[2] 史鸿武，吴婕. 试论地方高校的区域化与国际化 [J]. 中国成人教育，2007 (5).
[3] 冯本珍. 浅议教育国际化对我国地方高校的挑战 [J]. 市场周刊：研究版，2005 (5).
[4] 杨德广. 全球经济化与教育国际化 [J]. 高教探索，2001 (4).
[5] 邬志辉. 教育全球化：中国的视点与问题 [M]. 上海：华东师范大学出版社，2004.

国际化办学条件下大学生文化交融吸收能力的培养

董慧慧[1]

摘　要　国际大家庭正在一步步地向着地球村迈进，在此阶段，各国地域文化不断碰撞与融合。随着国际化办学口号的演变与实施，大学生作为促进社会进步的中坚力量肩负着重要责任，为此大学生文化能力的培养成了必不可少的重要课题。

关键词　文化现状；理性对待；历史使命

进入 21 世纪，信息的高度开放与共享已然成了不可阻挡的时代潮流，文化碰撞不可避免，作为历史发展进程中举足轻重的青年团体，大学生能力的发挥或多或少影响着社会的发展。全球化的今天，怎样才能在世界之林立足，怎样才能不被世界淘汰，显然成了摆在各民族眼前亟待解决的问题，为此，大学生文化能力培养战略适时出现。

一、经济全球化背景下的文化现状

（一）全球化无处不在

“全球化”不存在突发性，也不仅限于经济领域。它确实是一种全球一体化的社会活动。由此可见，文化交融刻不容缓。在经济融合度不断提升的当代，整合文化意义与日俱增。

进入 21 世纪，世界已经由单一的经济全球化、区域经济一体化向着经济文

[1] 作者简介：董慧慧（1993—），女，北京联合大学商务学院国际商务系商务（1201）班学生。

化安全等多层次多方面的全球一体化迈进。经济是堡垒，是任何组织形式的基础。经济与文化相辅相成，文化以经济为依托，文化发展的同时促进经济的快速进步。互联网的广泛使用，带来了全方位的信息流通，使世界成为一个有机整体，没有断裂的一环，只有息息相关，传统的隔绝聚落已经不存在了。在互联网编织下的世界，高度的关联性不再新鲜，为了不被世界淘汰出局，文化、经济都要顺应世界发展趋势，联系发展，不再孤立。文化交融势不可挡，文化交流范围的大小、交流的快慢与文化本身的发展速度有着密切的关系。文化越原始，交流的范围越小，速度越慢；文化越进步，交流的范围越大，其速度越快。

国际化办学是当今世界各国高等教育的一种发展趋势，是现代大学面向世界发展的一种办学理念，旨在培养世界性的高质量人才，以适应快速发展的现代社会需要。据世界著名管理咨询公司麦肯锡在《面对中国隐现的人才短缺》中报告，中国缺乏国际性毕业生，毕业后能直接胜任外企工作的寥寥无几，这可能直接影响中国未来的发展。文化全球化趋势不断增强的背景下，这种形势不容乐观，中国高校应积极开展国际化办学。

（二）文化，“敌我共存”

霍夫斯坦特曾对文化下了这样一个定义：所谓“文化”，是在同一个环境中的人们所具有的“共同的心理程序”。由此可见，文化是集合的、团体性质的。在当代，大学生应该培养的是关乎不同种族、不同宗教和不同地域的文化兼收并蓄的能力。

文化差异的事实存在，促使大学生培养文化交融能力。权力距离（power distance），以典型客观的理念展现中西方各异的文化类别。在西方，领导上级只是代表各自的工作分类，没有高不可攀。下级们坚信“领导与我是一样的存在”。因而在西方会形成比较平等自由的公司环境。再如，不确定性避免（uncertainty avoidance index），在任何一种社会中，人们对于不确定的因素都或多或少地存在着恐惧感并加以防治。日本是不确定性避免程度较高的国家，因而在日本，“全面质量管理”、“终身雇用制”得到了很好的应用。美国是不确定性避免程度低的国家，因此在美国这两项措施几乎没有成效。

鱼龙混杂的文化观念，良莠不齐的文化交流价值观，都潜移默化地影响着人们的文化体验。应采用何种形式对待中外文化？就中外文化交流应提出什么样的合理意见？如何在弘扬中华文化的同时取长补短发展自己？一系列问题展现出来，促使当代人深刻思考。经济全球化的迅猛发展，直接和间接地影响着文化的互动，世界范围内的文化传播创新也会促使文化交融。

二、针对不同形式文化的理性思考

文化的多元论与经济的全球化发生着前所未有的冲突。全球一体化进程中，各文化实现着共融，文化相似度与日俱增。在此背景下，如何对待多元文化，如何在国际文化交融的浪潮中屹立不倒，成了重要话题。

（一）独树一帜的中华文化

中华文化灿烂悠久，博大精深，拥有深厚的人文与道德传统，对世界文化的发展产生了积极影响。优秀的中华文化，是所有炎黄子孙的根基，是联结中华儿女的纽带。经历五千余年的发展，中华文化展现着独有的历史内涵与现代魅力，是其他文化无法比拟、无法抗衡的。

作为新时代的大学生，应该充分认识到祖国文化的灿烂纷呈，理智剖析各民族文化的精华和内涵，以取长补短，完善自我。用我们的实际行动，让中华文化在神州大地上留下足迹，让中华文化影响千秋万代的中华儿女，让中华文化永驻。

（二）愚昧无知的文化

1. 他人最优秀

当前，一些人崇洋媚外、民族虚无等极端思想日益上升，无情鞭挞祖国优秀文化，丧失了对民族文化的自信心，不去研究自己的文化和历史，致使对自我文化的越发不了解，越发觉得面目丑陋，厌恶、贬低甚至遗弃中华文化。“出国热”、“移民潮”的出现，是对中华文化歪曲后产生的厌恶感，是盲目对他国文化的认同与无条件吸收。笔者不禁发问：我们中华文化源远流长，在过去的几百年甚至几千年中，一直处于世界领先地位，我们有我们的一定之规，我们的文化有完全正确的发展方向，我们为什么要采用西方的标准与体系？我们完全可以自我发展与鉴定，不需要他人鱼目混珠的观点评论。孟德斯鸠的“中国君主制统治依靠的是恐怖”这一言论成了很多中国人排斥中华文化的幌子，敢问：中华文化要是没有存在的合理性，为什么五千余年绵延不绝？为什么能在世界民族之林中屹立不倒？为什么中华儿女乃至众多国际友人对中华文化顶礼膜拜？外国文化固然有其合理性，但作为一名中国人，作为新时期的国际化人才，在认知他国文化的同时，不能摒弃中华文化，应学会识别，学会判断。

2. 唯我最杰出

随着经济的发展和人民生活水平的提高，提升自身文化素质的要求和文化寻根的意识趋于浓烈，中国传统文化的研究和普及日益兴盛。对一个正在进行现代化的国家来说，这是文化复兴的过程，是正当合理的。但现在一些目光短浅的狭隘民族主义者以“文化主体性”为幌子，试图干涉文化融合进程。这种盲目排外、自以为是的思想阻碍了文化进步。不少学者对中国传统文化做出许多美妙的概括和诠释，其实都是诠释者自己的思想。孔孟老庄复生，未必首肯；用以服众，更加困难。进一步说，这些不过是汉族的传统文化；以此冒充整个国家文化的主体，对一个多民族国家而言，散发的是大民族主义的臭味。对本民族文化的盲目认同，直接影响对其他优秀文化的吸收，故步自封，墨守成规，文化上的门户紧闭，是对自我优秀文化传播的压制，同时也是影响世界范围内文化交流的恶劣手段；不仅使自我文化止步不前，还对外域文化的扩散产生了限制。我们应该认识到，一切文化都是在传播过程中得到发展的，充分了解传播作为文化的重要特征存在的必然性。

（三）理性进取

“取其精华，去其糟粕”这一思想指导着大学生进行恰当的文化筛选工作。开放自由的西方主义，内敛包容的中华文化，各有千秋，各领风骚。在传承中华文化的同时，兼收并蓄，在自我发展进程中更上一层楼。吴冠中终身致力于油画的民族化与国画的现代化，他在绘画中采用“西方的形式规律”和“东方的意境韵味”两种截然不同的表现形式，铸造出融贯中西的艺术之桥。而莫兰迪的绘画给人宁静淡泊的感觉，宛如世外桃源，其作品吸收了意大利古典主义的元素，并受到塞尚、立体主义等的影响，提炼了西方绘画形式的精髓，赋之于东方的绘画意境，在绘画中创造出一种静稳坚牢的独特画境。对待本民族文化和外来文化，我们应该“取其精华，去其糟粕”，理性地继承和发扬。

三、大学生不可推卸的文化使者责任

（一）构建文化桥梁

文化使者作为推动文化传播的纽带，有其独特的历史意义与现代特点。既要热情欢迎世界各国优秀文化在中国传播，坚持以我为主、为我所用；又要更加主动地推动中华文化走出去，面向世界，博采众长；既要认同本民族文化，又要尊重学习其他国家的优秀文化。不同民族之间，应该相互尊重，在发展本民族文化的同时，共同维护、促进文化的多样性。并借助传媒、网络、技术和自我知识做中外文化交流的友好使者。即使世界各国人民不尽相同，但人的本质是一样的，人与人之间即使再不相同，文化观念差异再大，也可以相互理解。只要我们求同存异，互相尊重，一定可以共同进步。

（二）无与伦比的大学生团体

梁启超曾说："少年智则国智，少年富则国富，少年强则国强，少年独立则国独立，少年进步则国进步，少年自由则国自由，少年胜于欧洲则国胜于欧洲，少年雄于地球则国雄于地球。"由此可见，大学生关系祖国命运，维系民族的兴衰，是祖国大家庭中不可替代的重要群体，有义务也有责任进行文化交融与拯救。

大学生拥有完备的知识体系，是青年群体中的精英分子，是祖国的未来、民族的希望，他们处于人生的快速增长期，具有挑战性与超越精神，具有完美的创新能力与发散思维，是社会发展的中流砥柱，是文化进步的中坚力量。随着知识型时代的临近与发展，大学生的社会作用也日益凸显。

（三）学生 学校 纽带 殿堂

大学生义不容辞地承担起文化交融的责任，大学也应肩负起培育有交流能力的大学生的重任，改变教育方式，钻研新型教育理念，人文科学与社会科学并重，提高教学质量，追求文化卓越，营造浓郁的学术环境，培养世界需要的国际化人才。大学生是祖国文化的展示窗口，是传承文化的重要力量。各种文化之间都有互补性，都有相似之处，都可以在"大同"中取得有机的结合。大学生要走出去，引进来，提升自我认知度，广泛吸取各国优秀文化，做到完美融合。

在文化交融过程中贡献自我的微薄之力是时代赋予大学生的独特使命。大学生应该努力拼搏，不懈奋斗，不辜负祖国与时代的希望。

参考文献：

[1] 费孝通．反思对话文化自觉［J］．北京大学学报，1993（3）：15-22.

[2] 宣华，郭大勇，周蕊，顾佩，罗念龙．国际化办学管理模式的探索与实践［J］Internationalising Teaching Management.

[3] 杨利宏．麦肯锡盛世危言：中国出现人才短缺危机［N］．中国经营报，2005-10-16.

[4] 万俊人．经济全球化与文化多元论［J］．中国社会科学，2011（2）.

[5] 郁龙余．论东方文化研究［M］．北京：北京大学出版社，1994.

[6] 袁伟时．转型时期的中国民族主义［J］．Dr. David Bandurski，译．Global Asia，2007（4）：21-27.

国际化进程中高校大学生的使命分析

费宏岩[1]

摘　要　在国际化背景下，当代大学生肩负着社会各界的希望，他们是未来社会的建设者。作为大学生，要有强烈的忧患意识和宽广的世界眼光，这对于一个民族、一个地区的发展起着不可或缺的作用。当代大学生应该担当起建设社会经济、发展科技文化的使命。

关键词　国际化进程；大学生；使命

在国际化背景下，大学生作为现代化建设的中坚力量，是国家极其重要的人才资源，一个高素质的、具有健康人格的大学生，肩负着一个民族的希望。中国的教育在慢慢地走向国际化，思想家陶行知先生特别推行生活教育，他在育才学校手册中就明确提出，要求学生“要负责做事”，在一次演讲时他提到，“第一要‘站岗位’，每个人所承担的责任是不同的……都要有‘站岗位’的意识。在自己的岗位上站牢，教育自己知责任、明责任、负责任，逐步教育着自己前进。”因此大学生肩负了责任与义务。高中时代的我们曾经憧憬大学的美好，计划着大学要干的事情，而如今的大学生又有多少人实现了呢？梦想很美好，现实很残酷，大学里有许多时间是自由支配的，合理安排时间对于当代大学生来说很重要，大学里没有了老师的督促，没有了高中时代的紧迫感，生活节奏仿佛都变慢了。尽管这样，我们仍要明确自己肩上的责任。

身为21世纪的大学生，我们不应该“两耳不闻窗外事，一心只读圣贤书”。迈入大学的校门，人生又是一个新的起点，大学生应多参加一些社会实践，有助于当代大学生了解社会，同时也可以培养自己的综合能力。尤其是许多高校都开展了国际化办学，要求大学生不仅要掌握知识，更重要的是要提高个人修养。当

[1] 作者简介：费宏岩（1994—），女，北京联合大学商务学院国际商务系财务（1201）班学生。

今是一个充满机遇、充满活力和英才辈出的时代，作为当代大学生，我们要有理想、有抱负、有追求，发愤图强，报效祖国。

一、当代大学生的使命

习近平总书记在“五四讲话”中寄希望于青年：“展望未来，我国青年一代必将大有可为，也必将大有作为。这是‘长江后浪推前浪’的历史规律，也是‘一代更比一代强’的青春责任。广大青年要勇敢肩负起时代赋予的重任，志存高远，脚踏实地，努力在实现中华民族伟大复兴的中国梦的生动实践中放飞青春梦想。”如今世界已经进入全球化时代，全球化影响着每一个国家，甚至是每一个人。中国高等教育也在向国际学校看齐，在国际化进程中，新一代的大学生不仅仅肩负着一个民族的希望，更重要的是让世界更加了解中国，抹去当人们提到中国就联想到中国制造的观念，实现中国创造。当代大学生应该担当起社会经济建设和科技文化发展的使命。

二、在国际化背景下，肩负时代使命的大学生素质能力要求

王德峰教授曾在讲座中提到：“一个强大的国家，必定有强大的文化。即使是只有两百多年历史的美国，它的强大与它深入人心的本土文化也不无关系。这些年来，更提出把国家文化列为软实力之一作为评定国家综合实力的标准。”大学生的综合素质也是国家文化软实力的一项指标，大学生在学习好自身专业知识的同时，更应该促使自己树立科学的人生观、世界观和价值观。在大学里，大学生应该好好地规划自己的未来，不辜负时代赋予的使命。

（一）英语能力——促进国际交流

在国际化的教育下，对于中国大学生来说，英语水平很重要，英语是世界第一通用语言，外语学习是衡量高等教育国际化的重要指标之一。世界上 60% 的人都在使用英语，所以获得大学英语四六级证书对于将来找工作还是很重要的。美国在其教育体制中大力推动国际化活动，要求学生掌握两种以上的语言。可见，语言对交流起了不可忽视的作用。因为随着经济的全球化以及未来中国的发展趋势，英语是每个人都要掌握的语言，同时，要想了解一些国外的消息，以及

一些英语文件，英语也是不可或缺的一种技能。其次，可以多读一些中外名著，加深自己的见解，增强自己的文化素养。

（二）素养提升——完善自己的人格

对于大学生来说，人文知识的学习尤为重要，我们通过不断学习专业知识来提高我们的文化素养。时代不同，我们所肩负的历史使命不同，当今社会科学技术是第一生产力，当今国际竞争主要体现为人才的竞争，这就更加要求我们大学生努力学好专业知识，当然还包括提升思想道德方面的修养。一个人即使能力很强，但缺乏最基本的道德也是不会成功的。有人说，一个只有道德而没知识的人是次品，而一个有文化而没有道德的人是危险品。

（三）机遇挑战——加速国家发展

经济全球化给中国带来了机遇，同时也为中国的大学生带来了机遇。当代大学生应该抓住这些机遇，用所学的专业知识施展自己的才华，为国家的发展做出贡献。当然，在面对机遇的同时，每个大学生又要面对严酷的挑战，经济全球化的趋势对大学生的要求也相对提高。随着世界的一体化，当代大学生所面对的不仅仅是一个中国，而是全世界。这就要求大学生不仅仅要了解中国，更要了解世界各国的经济与政治文化。所以，摆在大学生面前的挑战是大学生能否战胜自我，挑战极限。

（四）责任、卓越、创新——提升自身的能力

1．要立志

要坚定自己的信仰，树立崇高的理想。认真学习马克思主义，用马克思的辩证唯物主义世界观、人生观和价值观来指导自己的生活。用马列主义、毛泽东思想、邓小平理论和“三个代表”重要思想及科学发展观的重要理论武装自己，坚持党的基本路线、方针和政策不动摇。

2．要修身养性

树立自己的人生观、价值观和世界观。加强自己的道德修养，这对于我们大学生来说很有必要。迈入大学的校门相当于一只脚已经迈入了社会，参加社会实践有助于当代大学生更好地融入社会；勤于读书，善于思考，增加自己的见识，使自己的见解加深，为将来更好地为社会做贡献打下坚实的基础。

3．要勤奋好学

“宝剑锋从磨砺出，梅花香自苦寒来。”没有什么会不劳而获，梦在前方，

路在脚下，要珍惜大学生活，分配好自己的学习与娱乐时间。作为大学生，我们目前的主要任务就是要学好专业知识，提高自己的文化素养，更好地利用自己的专业知识，成为国家的栋梁之材。学好本专业的知识，有扎实的理论基础、精湛的实践技能，未来才能在本行业的竞争中立足，才能生存，也只有这样，才能更好地为人民服务。

4. 要自立自强

在困难面前，要以乐观的心态去面对，要经受得起磨难，经得起摔打，这样经过风雨洗礼的当代大学生才会有华丽的蜕变。面对国家、社会和家庭，还有更多的考验在等着我们，所以大学生要自立自强。有人曾说过：少年强，则国强。大学生是祖国的希望，我们要勇于面对困难，时刻准备着迎接未知的挑战。在当今竞争如此激烈的社会环境中，每个人都必须有自己的一技之长，否则将无法生存。今日青年的真正自立，将标志这个民族的未来是光明、健康和生气勃勃的。这样看来，对于国家和民族，自强自立具有更深的内涵。

5. 要敢于创新

在国际化的背景下，作为大学生要把自己的命运同国家、民族的前途联系在一起来考虑，懂得自己身上的责任、使命和义务。当代大学生要敢于创新，创新是一个人、一个民族及至一个国家所必须要有的精神。正所谓“苟日新，日日新，又日新”。创新来源于实践，它把人类从远古时代推向了文明，正是因为创新精神的存在，社会才一步一步地发展。创新是一种至高无上的美德，推动着社会乃至世界的发展。

三、经济全球化与大学生的使命之内在关联

经济的国际化需求引发了人才的国际化需求，这也是中国的高校要走向国际化的原因。中国作为一个人口众多的教育大国，有必要加快国际化的步伐，当代大学生更应该积极地了解世界，认识世界，增加自己的见识。在国际化背景下，越来越多的企业或者是工作单位对大学生所具备的能力要求越来越高。在大学里，大学生需要取得许多证件，以证明自己的能力。中国作为人口大国，每年毕业的大学生达数百万，有许多人迫于生活的压力，选择了考研，有些人选择了出国深造，毕业生数量远多于社会所能提供的就业岗位数量。许多大学生找不到工作。作为大学生来讲，身上的责任非常之重。大学生是青年中有较多机会接受现

代科学技术教育的一部分人，是“科教兴国”战略的受益者。大学生要将所学的知识用于工作中，知识可以改变命运。

在全球化的影响下，中国的许多高校都践行“国际化”办学的理念，与国外大学的合作办学，让更多的大学生有机会走进国外的大学，这种办学理念有助于中西方文化的交流，有利于大学生吸收、借鉴国外的知识；帮助我们树立国际化、全球化的观念，克服一些狭隘的观点，使中西方文化融会贯通。随着经济的全球化，许多中外合资的企业在我国兴起，这有助于推动我国的经济发展，同时这也要求大学生具有较强的能力，例如英语好、能力强等。经济的全球化，要求大学生在大学里不断地提高自身修养，唯有如此他们才能肩负起振兴祖国的历史重任。

结语

大学生是推动社会发展的中坚力量，由于科技水平的不断提高，社会需要更多知识水平、文化素养相对来说较高的人才，而大学生是最有可塑性的一个群体。因此，在国际化的背景下，当代大学生面临着很大的机遇与挑战。生活是美好的，责任是重大的。大学生应该用实际行动来丰富大学生活，在快乐中学习。

参考文献：

[1] 康海军．社会主义核心价值体系视角下的大学生使命担当：意义、矛盾与重构［J］．安阳师范学院学报．2012（3）．

[2] 习近平．五四重要讲话精神．

[3] 杨德广．加强形势任务教育　增强当代大学生的使命感和责任感［J］．中国高教研究，2005（6）．

[4] 赵艳．逆风飞扬——大国崛起下的当代大学生使命［N］．经济观察报，2008－12－31（40）．

[5] 汪霞，钱小龙．美国高等教育国际化的现状、经验及我国的对策［J］．全球教育展望，2010（11）：57－64．

[6] 袁利平．教育国际化的真实内涵及其现实检视［J］．西华师范大学学报．2009（1）：82－87．

[7] 汪旭晖．高等教育国际化的动因与模式——兼论中国大学国际化的路径选择［J］．辽宁教育研究，2007（8）．

高校要培育符合时代需要的国际化人才

冯　杨[1]

摘　要　在经济全球化的形势下，国际化办学是培养适应社会发展的人才的根本要求。所以我们需要利用国际化的办学模式，培养人才以满足个人、学校和社会的需要。在国际化办学成为一股旋风吹遍世界的时候，中国也应该抓住这个机遇，培养国际化人才，探索国际化办学模式，以适应国际化，提升自己的国际地位和国际影响力。

关键词　国际化；国际化人才；国际化办学；高等教育国际化

引言

“在21世纪的今天，经济全球化和区域一体化的加强，信息技术和网络社会的兴起，学术在范围和方向上的国际化程度不断增强，知识经济的纵深发展，使得高等教育国际化成为不可阻拦的趋势。”中国经济发展与国际经济的发展息息相关。国际环境、国内环境和市场经济的形成，都会对高等教育培养人才的方向产生冲击和引导。经济全球化的逐步深入必然带来教育的国际化。所以，高校培养的人才能否满足市场经济的需要，能否满足经济全球化对人才的需求，能否具有竞争力，特别是国际竞争力，决定着学校的生存与发展。

高等教育国际化是指高等教育要立足于世界，立足于未来，以丰富多彩的高等教育国际交流与合作为载体，对世界各国的高等教育办学理念和办学模式以及它们有益的文化传统、价值观念、行为方式进行“取其精华，去其糟粕，推陈出新，革故鼎新”，以实现提高人才培养质量的目标，推动本国高等教育的现代化

---

[1] 作者简介：冯杨（1994—），女，北京联合大学商务学院国际商务系财务（1201）班学生。

进程。经过30多年的发展，目前我国的教育形式正从早期以“知识输入型”为主的交流向“互惠互利型”的交流与合作改变。在这个“地球化”时代，高等教育发展的必然趋势就是国际化和全球化，这不仅意味着大学自身需要国际化，同时也意味着大学必须通过国际化，为世界的文明发展、科技进步和文化交流做出新的贡献。所以我们的大学更要以面向现代化、面向世界、面向未来的战略眼光，坚定不移地在更大范围、更宽领域、更高层次上推进国际化办学，在国际化办学过程中学习和借鉴国际先进的办学经验，运作利用国际优质的办学资源，加强交流与合作，实现互利双赢，不断提高办学水平。

一、国际化办学的重要性和必要性

按照商品竞争力的原则，只有国际化企业才能创造出具有国际竞争力的产品；同样，只有国际化的大学，才能培养出具有国际竞争力的人才。所以，我们必须重视国际化教育。

（一）国际化办学对大学生自身的发展是一个无与伦比的“闪光点”

一方面，国际化办学有利于增进学生对各国文化的理解。随着社会的不断进步与发展，各民族之间交往日益广泛和深入，我们逐渐接触到不同的文化价值观。但是，文化差异永远无法掩盖人类特性的一致性以及所面临的基本生存问题的共通性。通过接受不同的价值体系，不仅可以使学生了解其他民族的文化传统、文化精神、价值取向和道德情操，可以激发他们尊重其他民族的思想情感和行为取向，而且可以通过他们的辐射作用，使这种思想情感扩散到其他相关之人，并逐渐使之内化为全人类的一种自觉行为。另一方面，国际化办学可以增进学生独立思考、独立学习的能力，使学生具有国际视野，更能适应全球化的需求。从小学到高中十几年接受的应试教育使得中国学生应对考试和知识的能力都十分扎实，但是创新能力有所不足。而欧美等发达国家恰恰注重强调个人的创新能力。

（二）国际化办学对我国高校的发展也起着不可替代的作用

一方面，国际化办学可以深化大学的教育体制改革。国际化办学一般以生源市场为导向，根据中外合作项目的要求和办学条件，自定招生计划和任务，具有较大的办学自主权。另外，中国的高等教育直接参与国际竞争，一定能够在不断的历练与挫折中完善组织结构，构建和提高管理水准。另一方面，国际化办学可以提高教师的素质和能力，强化师资队伍建设。在国际化办学的过程中，我们需要培养国家化人才，而当我们的老师发现能力不足时，他们就会不断地开阔自己的视野以便适应国际化教学的需要。这样，不仅学生的能力增强了，老师的水平也上了一个台阶。

（三）国际化办学是促进社会发展的一大源泉

1. 国际化办学可以为社会提供高质量的劳动力，并为中国参与世界竞争创造条件。

“生产的社会化扩展乃至全球化，实现了市场机制对经济资源在全球范围内的配置，建立在劳动成本优势、资源禀赋差异、产品研发与创新、规模经济等基础问题上的国际分工与自由贸易，成为全球经济发展的主流趋势。”各个领域对人才在层次上提出了新的要求。培养国际化人才，可以解决现代高端人才缺失的问题，为社会的再生产创造条件。高质量的教育是现代文化的基础，是知识经济发展的源头，是中国最广大人民的利益所在。高质量的教育要以国际先进水平为参照。以前我们的教育质量与国际上的大学相比，存在较大差距。例如，哈佛大学每年在 Nature、Science 上发表论文 60 篇以上，而中国目前没有一所大学达到这个水平。现在，我们努力培养国际化人才，未来我们才能在高质量的教育水平上与发达国家平起平坐甚至超越发达国家。

2. 国际化办学有利于知识经济的发展，有利于国家和地方的经济发展。

近 20 年，世界财富的增长方式发生了巨大的改变。美国以其高等教育的优良资产，吸引了世界上最聪明的头脑，迅速转向了知识型经济。培养国际化人才，我们才不会被华尔街要得团团转；培养国际化人才，未来富豪榜上也会有很多中国人；培养国际化人才，我们的知识经济才能飞速发展。先进的理论和技术最终是为了转化为现实生产力，促进经济发展和社会进步，满足人们日益增长的物质文化生活需要，同时有效地促进和保障人类社会的可持续发展。改革开放以来，许多企业由于跟不上时代的步伐而纷纷倒闭，但也有一些企业，它们能及时适应全球化并按国际化标准进行改革，如海尔集团，现在不仅成为国内最大规模的家电企业，还把工厂开得遍布全球。这说明，国际化没有界限，没有学校优劣之分，没有档次之分。高校不在大小，不管处于什么区域，按照国际化思维办学，同样是当务之急。国际知名企业、知名品牌的崛起，靠了解国际行情、靠懂得国际规范管理的人才去营造。任何单位的国际规范管理都要靠人，国际化的人才当然要靠国际化的学校来培养。只有不断培养国际化人才，才能为国家和地方经济的发展提供持续不断的源泉。

二、当前我国高等教育的不足

（一）在第一课堂上还是以老师为主体，不能充分调动学生的积极性

第一课堂是按照党的教育方针，以系统、全面地培养学生思想道德素质、智力素质、心理素质、身体素质、劳动技能素质为总目标的教学形式。但是由于学生习惯了以老师为主体的教学方式，在课堂上，学生大多数相信老师是绝对的权威，学生反驳老师、独立思考的机会很少。这就在一定程度上限制了学生创新能力的发挥，限制了学生的思维。

（二）在第二课堂中，大学生不能充分体现其社会价值

第二课堂在教材内容的基础上扩展、丰富学生的知识，教学内容相对自由，教学形式灵活多样，是真正以学生为主体的教学活动，它可以充分调动学生身体各器官功能，尤其是增加学生动口、动手的机会，可以使学生对学习内容产生更深刻的印象，从而取得更佳的学习效果。第二课堂还可以给学生提供更多的实践机会，以提高学生的学科应用能力。但是当代大学生对第二课堂的重视度没有预期的那么高，甚至有人认为第二课堂是可有可无的。所以大学生在面对社会实践活动或是各种竞赛活动时，积极性不高，往往将它们当做任务完成，并没有从全球化的角度去看待第二课堂对自己能力的影响以及对第二课堂的重视到底能使他们得到什么。

（三）毕业生的培养规模、结构和层次与未来存在较大的冲突

高校应该培养什么样的毕业生，应当达到什么样的规模，如何解决现在大学生的培养结构，如何定位毕业生的培养层次等问题是各个高校必须要解决的问题。在大学生培养规模的问题上，中国各个高校存在这样的争议：目前各方面人才的数量是不是过剩？有人认为中国的毕业生队伍过于庞大，应该减少其培养规模。中国经济的增长与发展以及经济结构的调整导致许多部门出现了结构型增长

和高质量的人才不足的问题，中国的人才教育已经不适应国内国际的经济发展形势了。现代中国培养出来的大学生数量多，但是质量不够高，不能完全适应经济全球化的需求。中国的人才教育必须调整其培养结构。

三、解决我国现代教育不足的途径探析

（一）强化专业建设

一方面，积极加强专业建设，突出专业特色，提高专业建设水平，增强我们的国际竞争力。我国需要根据社会经济发展的需要，及时调整专业结构，改变专业方向，加强学科优势，不断同行业和人才市场加强紧密联系。以国际化带动专业建设标准化，以信息化促进专业现代化建设，从而形成能够适应社会需要的学科和专业。2001 年我国加入世界贸易组织以后，经济全球化纵深发展，使得社会和企业对人才的需求发生了显著变化。许多国内企业和中外合资企业都急需综合素质高、业务能力和交流能力强而且具有国际视野的人才。所以，高等学校必须根据国际人才市场的供需情况，优化专业结构，设置新的专业或专业方向，培养适应社会和市场需要的高素质人才。另一方面，要努力打造一批能够体现“中国特色，国际水平”的专业和学科，按照“入主流、上水平、创特色”的原则，瞄准学科主流方向和国际学术前沿，结合“211 工程”和“985 工程”建设，对学科发展方向进行梳理和凝练，并分层次建设。

（二）打造具有国际化水平的师资队伍

高素质的师资队伍是保证人才培养质量的首要条件，也是实现高等教育国际化的重要途径。培养高素质的创新人才，要求高校教师必须具有国际化视野和开展国际交流合作的能力。近年来，要打造国际化水平的师资队伍，一是要加大引进海外高端人才力度，二是扩大教师出国研修的规模。这样可以快速提高专业建设和学科建设水平，加快教学与科研迈向国际化的速度。我国还可以考虑招聘世界知名专家学者到中国高校来任教，提高我国高校的办学水平和科研水平；邀请外国教授来中国讲学，参加学术讨论，交流学术思想，使广大教师了解科技发展最新动态；鼓励教师与国外高校开展合作研究，使教师能够学习国外新知识、新技术，获取国际经验，带动相关学科的国际化水准。

(三) 促进国际交流与合作，促进国际间的高校学生交流

国际交流与合作、国际间的高校学生交流不仅可以促进高等教育事业的发展，而且可以加剧高素质人才的国际竞争。国外留学生政策优惠，教育资源丰富，对国内学生的吸引力大，这对我国的高等教育无疑也是一个严峻的挑战。因此，我国的高校一方面要积极改善办学条件，从而提高办学水平，并充分利用我国的优质资源和优惠政策，大量吸引外国留学生到我国学习，扩大我国高等教育的影响力；另一方面，也要充分利用国外的优势资源，鼓励学生出国深造后回国为我国的发展事业做出贡献。此外，还要大力加强国际合作，引进先进的教育理念、一流的师资和一流的仪器设备，并打造优势学科和专业，以促进我国高等教育的快速发展，提高我国高等教育的办学水平。

小结

自古以来，中国人往往不是太实就是太虚——要么只顾坐而论道，缥缈得走了形；要么只顾低头觅食，极端物质化。我们缺少真正的理想主义实践。而真正能将理想实践化的手段就是跟随时代的脚步，一步一步，踏出坚实的脚印。现在的时代日新月异，无论从自身考虑，还是从学校和社会出发，培养国际化人才刻不容缓。在国际上，高等教育国际化的进程正在提速。我们要抓住这一千载难逢的国际化机遇，及时切入，把我国的国际化办学纳入提升学校的内涵建设和综合实力上考虑，使我国的高等教育跨上一个新台阶，使国际化教育成为我国的特色和亮色。无论中国未来发展成什么样子，请记得：你所站立的地方，就是你的中国；你怎么样，中国便怎么样；你是什么，中国便是什么；你有光明，中国便不再黑暗。

参考文献：

[1] 朱苏飞．高等教育国际化背景下一般地方高校的发展路径［J］．教育与经济，2006（3）：32-34.

[2] 华成刚.1949年以来我国普通高等教育经费投入情况分析［J］．教育发展研究，2003（1）：40-44.

[3] 关雪凌，陈大发．全球产业结构调整背景下俄罗斯经济定位的困境［J］．国际观察，2005（4）：74.

[4] 赖炳根，周谊．德国高等教育国际化的经验及其启示［J］．教育探索，2009（6）：140-141.

[5] 裴文英．高校发展视野中国际化人才培养研究［J］．江苏高教，2007（6）：79-80.

[6] 邢邦圣．江苏高等教育国际化现状及对策研究［J］．徐州建筑职业技术学院学报，2010（2）：71-74.

[7] 王立新，柯玉贞．关于高等教育国际化的思考与对策［J］．南京理工大学学报：社会科学版，2002，15（4）：79-83.

北京联合大学商务学院在国际化背景下的办学现状分析

高金申[1]

摘　要　经济全球化给高等教育带来了机遇和挑战，同时高等教育的国际化是经济全球化进程中的重要组成部分，是世界范围高等教育发展趋势，也必将成为我国高等教育发展的战略选择。本文将在对国际化办学特色分析的前提下，简述北京联合大学国际化办学的历程和现状。

关键词　国际化；北京联合大学商务学院；现状

引言

日本广岛大学教育研究所的喜多村和之教授在1986年“亚洲高等教育国际讨论会”上，提出了衡量“大学国际化”的三条标准，即“通用性”、“交流性”和“开放性”，并指出：“所谓‘国际化’是指本国文化被别的国家与民族所承认、接受并得到相当的评价。一个国家大学的学术水平在国际化上能获得一定的评价，就意味着该大学的教育、研究的机能和制度是国际上普遍存在的，它为外国学者和留学生所接受，在国际社会里具有一定的通性。”同时高等教育国际化已经成为21世纪世界高等教育发展的几个主要趋势之一。

---

[1] 作者简介：高金申（1992—），女，北京联合大学商务学院国际商务系财务（1101）班学生。

一、经济全球化下高等教育国际化发展的背景

大学教育“国际化”思潮在20世纪70年代初露端倪。随着全球化趋势的增强，人们对大学教育“国际化”的理解在不断深化，逐渐有了统一的认识。经济全球化是当今世界经济发展的必然结果。经济的全球化促成了世界政治、文化、科技等领域的国际化，也使高等教育国际化的趋势更为明朗。培养有世界意识、国际交往能力、国际竞争能力的人才是高等教育国际化的核心所在。由此可见，高等教育国际化在已成为世界范围高等教育发展趋势的同时，也成为我国高等教育在21世纪必须做出的战略选择。随着经济全球化进程的加快和中国加入世界贸易组织，中国高等教育也日益朝国际化方向发展。北京联合大学也朝着国际化方向发展，开展了国际化的教学模式，以培养国际化应用型人才为其办学理念。

二、北京联合大学商务学院国际化办学历程

（一）经济全球化下人才的需求

随着经济全球化的发展，中国加入了WTO。中国入世为外国公司进入中国敞开了大门。外国公司要在中国站稳脚跟，必须完成“本地化”改造。为此，迫切需要大量懂得国际规则、掌握专业知识、外语过关的中国人承担这项工作；而当时国内培养这类专业人才的高校凤毛麟角，市场人才供求比例严重失调，差额高达1∶10。针对人才市场这一需求，北京联合大学商务学院抓住了机遇，率先迈出了一步，开展了国际化经济应用型人才的培养模式。

（二）商院国际化办学特色

1. 开展国际合作办学

为了顺应市场需求，商院改变了原先传统的教学模式，并对原有专业进行了调整，新开国际商务、国际物流、国际金融等6个专业，并改变财会等3个专业的方向。同时借鉴国际名校教学方法，开展中外合作研究。如与国外优良品种嫁接，自身条件不足，借助发达国家名牌大学的优势；一所学校难免局限，那就分别同多所名牌大学“嫁接”。对于这种嫁接，因校而异，有多种形式。

商务学院开展国际合作办学，最早是与英国佩斯利大学合作“3+1”项目。这种模式的主要特点是，本科生在国内完成3年学业后，可直接进入英国佩斯利大学学习；在佩大完成第四学年学业后，商务学院和佩大将分别授予这些学生中、英两国的学士学位；愿继续深造的，可直接报考佩大的研究生班，毕业后可获得佩大颁发的《研究生学历证书》，通过答辩的，可获得佩大授予的硕士学位。随后英国诺森比亚大学也加入了这个项目。

后来与新西兰基督城理工学院签订了“2+2”项目。这种模式的主要特点是，本科生两年在商务学院学习、两年在理工学院学习；毕业后由两所大学分别授予中、新两国学士学位；并可报考理工学院研究生，获得理工学院授予的硕士学位。相继澳大利亚巴拉瑞特大学也成为商院“2+2”的合作伙伴。

相对前两个项目，与澳门国际公开大学的合作又有所不同，对方承认商务学院60%—70%的学分，然后在国际公开大学补上30%—40%的学分，最后由商务学院、国大双方分别授予中、澳两地学士学位，并可在商务学院继续读研，然后到国大参加答辩，由国大授予硕士学位。市场营销专业是中国加入WTO以后中国人才市场排名前10的专业的首位。而英国皇家特许市场营销协会是世界顶尖的学术和专业团体，获得这个协会颁发的文凭，有资格申请成为英国皇家注册市场师，既可以满足国内对相关人才的迫切需求，又可以保证学生在国内“三资企业”及欧共体国家顺利地找到一份薪水不菲的工作。于是，与这所高校“嫁接”的起点更高，借助外力共同培养市场营销专业研究生。

商务学院实行全英文授课，本、硕打通，分国内、国外两个阶段完成教学，最后由英国中英格兰大学为毕业生授予欧共体国家普遍承认的硕士学位。目前，国内高校在校生，从大一算起，要获得硕士学位，一般要用六七年。包括国外名牌大学授予的硕士学位，商务学院的“3+1”模式，可以让留学生“5年拿3个学位”。这个新颖的创意，刚一出现，就立即引起北京市委市政府重视。尽管本科在校生直接出国留学，在国内没有先例，北京市教委仍为商务学院一路绿灯放行；教育部突破有关规定，作为改革试点，特例特批。2010年10月9日，由北京联合大学发起的一个教育国际化组织——国际化联盟（League of University Globalization）成立。目前，已经有来自12个国家和地区的20所院校参加了该联盟。联盟的宗旨是提供交流平台、增进相互了解、促进高等教育国际化和教育教学多元化。现北京联合大学已与30多个国家和地区的110余所大学和研究机构建立了校际交流关系。

2. 开展全英教学，注重师资力量

随着人才市场的需求、合作项目的开展，英语已经成为了不可或缺的一部分。因此商务学院在近几年开设了与国际接轨的全英教学新模式，设立了全英班。这种全英班需要强大的师资力量。因此，商院对于教师的教学水平是相当重视的。

商院要求教师具备“两个能够”，一是能用“双语”教学，二是能用国外互动式的教学方法上课，同时高薪聘请外教。并通过组织院内外教授组成视导组和学生给老师打分等多项措施，监控教学效果和教学质量。北京市教委组织百名专家教授，对北京地区 40 多所高等院校进行评估，商务学院教师授课质量被列入“第一类”先进行列。

3. 开设网络教学和网络学堂

在经济全面发展下，网络已经成为极其重要的学习途径。而商院意识到这一点，充分利用了这一平台，开设了网络学堂，在上面我们可以找到上课教师的课件及相关课外资源，还设有教学大纲、教师信息、小组互动、第二课堂、成果展示、作业布置和成绩查询等相关板块。在网络学堂上除了课上的专业知识课件外，还会补充很多与之相关的国外新闻、事件或文献资料等。学生在课堂上有不懂的地方，下课之后可以通过网络学堂来自学。这为学生的自主学习提供了良好的条件。同时，还设有校内资源下载网，学生还可以免费下载很多英文电影和小说，提高了大家对英语的学习兴趣，丰富了学习资源。

结语

国际化合作办学是一项很有生命力的新生事物，理应不断发展与完善。商务学院全体师生为在“十二五”期间把商务学院办成应用性、国际化的学院而努力奋斗，力争在实施国际化发展战略的基础上，进一步解放思想，在积极推进国际化办学方面形成特色、创出品牌，培养更多具有国际视野、适应首都经济社会发展特别是“世界城市”建设所需要的高素质人才。

参考文献：

[1] 陈玉琨．经济全球化与我国高等教育的改革［J］．人大报刊复印资料·高等教育，2001（2）：36.

[2] 王根顺，王辉．研究型大学人才培养国际化的探索与实践［J］．国家教育行政学院学报，2009（4）.

[4] 赵文华．高等教育系统分析：高等教育结构、规模、质量、效益的系统观［M］．上海：复旦大学出版社，2000：230.

[5] 赵彦志．中外合作办学治理与发展［M］．大连：东北财经大学出版社，2010.

[6] 杨光德，王勤．从经济全球化到教育国际化的思考［J］．教学研究，2000（4）.

[7] 高丽霞．加强国际交流合作培养国际商务人才［J］．现代商贸工业，2009（2）.

商务学院国际化办学的实践与发展

高　原[1]

摘　要　在国际化背景下，社会竞争日益激烈。高校的国际化办学成了必然趋势。商务学院如何实现国际化办学以及日后的发展成了当务之急。本文分析了国际化人才的要求以及现在高校所采取的措施，提出开展全英语教学、国际交流以及中外合作办学项目对于强化国际化办学是必需的。与此同时，学校又要有自己的国际化办学特色。

关键词　商务学院；国际化；实践；发展

现代社会竞争日益加剧，全球一体化进程加快，国际化人才是社会发展的必然趋势。当今高校开展国际化办学也成了一种趋势。而高校如何实践并发展国际化办学特色成了当务之急。

一、高校国际化办学背景

人才国际化是经济全球化导致人力资源在全球范围流动的必然结果。人才已不仅仅局限于一个地区范围内，而是以自己民族的文化为背景，超越国家和地区的范畴，在全球范围内开发、配置，人才的竞争加大。所以，高校的国际化办学极为重要。陈昌贵提出："高等教育国际化是指为了服务于知识文化和政治经济等多个目的，高等学校在知识普遍性的内在动力和政治经济文化的外在动力的推动下，其内部国际性特质通过各要素的活动显现出来的过程。"奈特（Knight Jane）认为，国际化是将"国际的维度"整合到高等学校的教学、研究和服务等功能中的"过程"。从这些定义中我们可也总结出三点：其一，高校国际化办学

---

[1] 作者简介：高原（1992—），男，北京联合大学商务学院国际商务系工商管理（1101B）班学生。

的目的是服务于知识文化和政治经济，要立足于我国的政治、文化与经济；其二，高校的国际化办学是在全球经济一体化的环境中产生的；其三，高校的国际化办学要兼容并蓄，并秉承求同存异的原则。

目前，很多高校都争相向国际化办学模式转型。而在转型过程中，高校能否与众不同并获得充分的发展至关重要。高校要通过国际化办学，与国际接轨，借鉴国外的教育模式与新的科研结果，加强与国外大学的交流，拓展学生的国际视野。高校国际化办学能够促使学生成为适应经济全球化发展趋势、具有国际视野的高素质人才。与此同时，还能够推动高校向拥有多种语言、多元文化、多种族的人文和学术环境的大学发展，实现真正的国际化大学，从而全面提升整个高校的软实力和竞争力。

二、高校国际化办学的实践

北京联合大学商务学院以坚持培养应用型国际化人才作为办学方向和特色，以培养具有国际视野和社会责任感、富有创新精神和实践能力的应用型国际商务人才为根本使命，逐步建立培养国际化人才的课程体系，突出外语特色，加强国际教育交流与合作，建设特色校园文化，打造国际化人才培养的平台，与国际接轨。

（一）学院开设全英语专业

学院在工商管理专业和国际贸易专业分别开设了一个全英语班，旨在开阔学生的国际视野，学习国际教材，从而与国际接轨。

1. 全英课程的定位

目前，很多国内高校开设全英教学课程一味追求的是英语教学的效果，而忽略了专业的学习，很多都仅仅是学习了课本的皮毛，并没有深入，造成英语教学与专业教学没有很好地融合在一起。全英教学的课本变成了语言课本，教师教授英语词汇、句法和语法，使学生语言课与专业课相混淆。

全英课程应该掌握专业知识，通过学习英语教材，能够与国际接轨，打开学生的国际视野。学生了解当代前沿理论和国际规则，都需要外语作为辅助工具，专业知识学习的逐步深入也会促进外语水平的提高。这样，也为学生以后出国留学打好了语言基础。

2．全英课程的教材选取

全英课程教材的选取应该是国际最前沿理论的英文原版书。应选择美国或英国同专业学生学习的书籍来作为教材，这样才更能够与世界接轨。但是，如果完全按照国外学校的教材来讲授，势必会增加学生的学习难度。教师应当对教学内容进行修改，使之符合我国的国情和学生的学习状况，这样才能够将全英教学呈现出最好的状态。

3．全英课程的教学手段

教师在课上应充分利用教学设施，给学生播放相关专业的英文视频，将学生置于全英语的学习氛围中。教师在课堂上应尽量使用全英语教学，通过国外案例、小组学习和专题讨论等形式给学生授课，积极地参与到课堂活动中。任课教师应该准备英语资料库，来提高上课的效率。教师可以将英文的教学资料、课外资料和课后作业，以及一些相关的国际网站等上传到网络学堂中，供学生学习使用。学生应当在学习前进行预习，将生词弄懂，也有助于提高上课效率。教师在上课中，应当大量使用国际案例，使学生能够将所学知识应用于实践当中。与此同时，教师应参考国外课程讲义或课件进行备课，这样学生能更好地与国际接轨。

在考核中，教师应对学生的全方位能力进行测评。首先就是课上的英文演讲，在课上进行幻灯片的展示与演讲，用英文进行展示。既能锻炼学生的英语口语能力，也能为以后学生出国留学打下基础。其次就是英文的论文。学生进行英语论文的练习，有助于提高学生的语法、写作能力，能够锻炼学生的批判性思维，以不同的视角来看待问题，这正是当今国际化人才所需要具备的。最后就是采用笔试的方式来进行考查，通过试卷考查学生对专业知识的掌握情况。

全英语教学是高校国际化办学付诸实践的重要举措之一，是人才与国际接轨的重要手段之一，需要教师在实际教学过程中不断摸索和创新。只有这样，高校才能不断地培养出国际化创新人才。

（二）学校加强学生英语方面的学习

学校应该开展大量的英语教学活动，提高学生的英语能力。学校在全英语班开设外教课程，让学生完全沉浸在全英语学习中，能将英语用于实际的生活当中。如此，能够增强学生的英语交流能力，了解英语国家的文化知识。这对以后留学或是进入国际社会都是非常有帮助的。

与此同时，学校在社会实践期间开设 IELTS 课程及商务英语课程。这些课程都是出国留学或是进入国际商务领域的必要课程。IELTS 课程基本以专题划分单元，将听力、口语、阅读、写作和语言知识等各部分贯穿其中，互相交融强化，旨在对学生进行全面语言训练。商务英语更是从专业角度对英语进行讲解，让学生了解商务方面的专业英语词汇。

学校还创办了与国际化办学有关的学习社团——英语协会以及欧美留学联盟。这些社团意在为同学们创造良好的英语学习环境以及介绍留学知识。学校还定期安排各式各样的讲座，例如，英语雅思考试讲座、留学生经验讲座等，使学生能够详细了解国外文化、留学信息等。这些活动能够加强学生对国外的了解。同时，还会请留学生介绍自己本国的文化。这些也是学生以自身的力量参与到国际化办学中的实际行动。

（三）发展中外合作办学项目

商院非常重视国际交流与合作。自 2000 年与英国西苏格兰大学（原英国佩斯利大学）进行“3+1”双学位合作办学以来，到目前为止，共有 620 余名学生赴英国留学，85% 的留学生选择继续攻读国外硕士学位，多名学生已获取或正在攻读英国博士学位。学院还与香港教育学院、香港岭南大学、英国诺森比亚大学、加拿大温尼伯格大学等多个国家和地区的大学开展合作办学项目。自 2006 年以来，共有来自 20 多个国家的 100 名留学生来学院学习进修。

1. 国际交换生及交流项目的发展

人员交流方面体现国际化办学的，主要包括学生交换生培养和教师出国进修两大方面。学生互换项目，一是向国外输送留学生，并每年增加交换生数量，以学习外国先进的科学理论，让学生通过在异国文化环境中的学习、生活与交流，养成尊重异国文化的心态，接受异国民族风格的熏陶，提高了解和研究国际问题的兴趣和适应国际环境的能力，造就深谙异国文化的国际人才。商院与香港岭南大学、韩国首尔市里大学、韩国建国大学以及台湾的众多大学等建立了交流关系。国际商务专业每学期会从全英语班中选拔 3 名学生前往香港岭南大学进行一学期的学习和交流，开阔学生的国际视野，形成学生的国际观念。与此同时，商院还有暑期实习、暑期学校的项目。暑期实习通常是去美国、加拿大，暑期实习不但能够丰富学生的实习经历，而且还能使学生更快地融入国际社会文化中。而暑期学校注重的是国外大学的学习经历。一般暑期实习的学校都是美国大学排名前100名的学校，甚至会有前50名的学校。暑期在这些学校学习的课程得到的学分，除本校可以认可外，更大的优势是对今后去美国继续攻读研究生也非常有帮助，能丰富自身的国际教育背景，弥补其他方面的不足，大大增加录取概率。二是重视海外学生，发展留学生教育。这样可以加强文化交流，加深相互理解，还可以借助外国留学生的存在而丰富大学的多元文化。留学生可与本地学生进行学术探讨，使学生的思维更具国际化。就教师而言，可以把那些德才兼备的优秀人才选派出国，进入国际一流的高等学府或科研机构，从事基础科学或尖端科学的学习或研究工作。本校老师出国深造，既可以避免知识老化和知识结构的不合理，又可以博采众长、推陈出新，进而产生学术研究上的新的视点，形成教学与科研的良性循环和优势互补。

2. 富有国际化特色的合作办学

商院开办了多个国际合作办学项目。这种国际办学项目能够充分保留中外双方各自的教学模式，通过对双方学校开设课程的评估，互相承认对方学校的学分，学生获得双方学校规定的学分，即可获得双方学校颁发的毕业证书和学位证书。主要有“2+2”项目、“3+1”项目和“3+2”项目等。“2+2”就是在国内学习2年，然后在国外进行2年的学习，修满所需学分，即可获得双方学校颁发的有关证书。“3+1”则是在国内完成3年的课程，在国外进行1年的学习，可以获得双方学校的学士学位。“3+2”则是在国内学习3年，再在国外学习2年，获得国外大学的硕士学位和国内大学的学士学位。这些项目结合了中西方的教育优势，能让学生直接出国接受国外的教育，对国外的人文文化有较深层次的了解，除获得专业知识外，还能在很大程度上提高学生的外语水平，同时相对高中毕业直接去国外学习而言，可节省很多费用。其次，也可以将国外的学位当做跳板，申请到国外更好的学校继续进修。商院与多个欧美学校进行了合作，给学生更多的选择空间。例如，英国的西苏格兰大学的“3+1”、美国爱治伍德大学的“2+2”等多种项目。商院积极利用国际教育资源，提高高校的办学水平和质量，培养适应国内外市场需要的复合型人才。

三、高校国际化办学的发展

要实现高校国际化办学的稳定发展，首先要树立正确的办学理念。正确的办学理念体现着一个学校的核心价值观，也是一个高校保持自身办学特色的根基。

像中外合作办学这种项目，本身就带有浓厚的商业色彩，如果忽略了教育公益性的本质，势必会背离高等教育本身的规律，就会偏离合作办学的正确方向，就失去了国际办学的意义。

随着全球一体化进程的加速，国际化人才的需求会急速扩大。学校开展国际化办学仍需保持自己的特色，更要保证国际化办学的质量，而不是一味地追求国际化。

国际化办学的初衷就是培养国际化创新型人才。为了适应全球化竞争的需要，国际化办学应充分利用国际化教育教学资源，培育学生国际化的学习能力、跨文化理解能力和跨文化交流能力，从而培养出国际化应用型人才。

参考文献：

[1] 陈昌贵，翁丽霞．高等教育国际化与创新人才培养［J］．高等教育研究，2008（6）：78.

[2] JANE KNIGHT，HANS DE WIT. Internationalization of Higher Education in Asia Pacific Countries［M］．Amsterdam：EAIE，1997.

[3] 陆晓红．走向跨文化理解的外语课程与教学［J］．全球教育展望，2010（9）.

[4] 史秋衡，郭华．过度市场化下中外合作办学的理念调整及发展规划［J］．教育研究，2009（9）.

全球化背景下高等院校国际化办学的新思考

葛 淼[1]

摘 要 近年来，席卷全球的金融危机使得高校毕业生的就业问题再次成为社会各界关注的焦点。面对严峻的就业形势，高等院校在围绕国内经济发展挖掘就业岗位、促进学生就业的同时，还需要进一步突破学生就业的定势思维，创新就业模式。高等院校要开拓毕业生境外就业新路径，帮助毕业生进军国际劳动力市场，培养国际化的高技能人才，必须走高等教育的国际化办学发展道路。

关键词 全球化；高等院校；国际化办学

一、高校毕业生就业现状

众所周知，中国是一个人口大国。随着我国经济社会的快速发展，社会生产力水平大幅提升，社会劳动力供求关系也随之出现了一些重要变化，“就业难”已成为一个普遍性的社会问题。近年来，随着高校的不断扩招，我国的高等教育事业取得了跨越式发展，高校毕业生人数也大幅增加。而随着全球金融危机影响的进一步扩大，高校毕业生“就业难”已成为广大高校和社会各界共同关注的焦点问题，高职毕业生的就业困境也进一步凸显。

当前高校毕业生就业工作面临的主要问题是：从供求关系看，2013 年高校毕业生总量继续上升，而在世界经济艰难复苏、国内经济增速放缓的背景下，用人需求则有所下降，“一升一降”，意味着就业压力比往年又有所增大；从结构上看，部分高校专业设置、培养模式与市场需求脱节，部分毕业生就业能力与岗位需求不匹配，表现为企业招人难与毕业生就业难并存；从就业工作自身看，也

---

[1] 作者简介：葛淼（1990—），女，北京联合大学商务学院国际商务系商务（1002）班学生。

存在就业政策落实不到位、就业服务还不能有效适应高校毕业生需求等问题，亟待改进和加强。

二、推动国际化办学，培养国际高技能应用型人才

进入新世纪以来，随着发达国家的技术革新和企业经营成本的飙升，国际劳务市场的人才需求结构发生了深刻变化，对劳动力素质的要求也越来越高。劳务需求格局开始由普通体力型向高技能型转换。据统计，在应届高职毕业生中，出国或有意向出国的学生微乎其微，占毕业学生的比例不到1%，然而却有80%以上的学生愿意到发达国家就业。

出现这一差异的原因就在于我们当前所培养的学生缺乏国际竞争力，外语和技能证书是两大制约因素。因此，高等院校要想在国际劳动力市场上打开局面，人才的培养是基础。我们只有培养出高素质国际化人才，才能在人才国际竞争中取得主动。高等院校必须大力提升学生的综合素质，培养出具有高素质的“国际高技能应用型人才”，以满足欧美等发达国家的人才需求。

中外合作办学是当今世界全球化趋势的必然产物。高校通过合作办学，可以引进境外的优质教育资源，包括办学理念、教学与管理方法，师资、专业与课程，以及先进的教学技术和手段，并以此产生许多新的、先进的专业。通过中外合作办学，使我们可直接在更广领域、更高层次与世界教育发达国家进行交流与合作，使我们拓宽了视野，更新了观念，确立了面向世界的培养目标，加快了我国教育国际化的进程，提高了我国教育国际竞争力并培养出符合社会发展需求的复合型国际化人才。

三、创新人才培养模式，深化高等院校国际化办学

随着全球化向社会发展各方面的全方位渗透，为学习和借鉴国外高职教育的先进经验，国内越来越多的高等院校开始了办学国际化的破冰之旅，开始将国际交流与合作作为提升自身办学竞争力的核心要素之一。尤其是处在东部沿海发达地区的高等院校，与美国、英国、德国、澳大利亚、加拿大等国家的高等院校之间的国际交流与合作十分活跃，但是模式较为单一，主要以中外合作办学为主，而且“主要是充当发达国家高等教育输出的接受国，扮演的主要是跟随者和消费

者的角色”。合作的形式也大都是围绕经验的学习借鉴和生源的吸引等层面展开，对于国际社会对国际化人才需求的迫切性与发展趋势尚未引起高度重视。

在培养学生的国际素质方面，大都未明确提出国际化人才的培养目标要求。在办学实践中，高等院校的国际合作班的学生学习能力总体不高，实际的英语语言能力与完成专业课程所需的英语水平差距较大，致使学生不但学习国外课程困难，而且也使得所培养的学生难以满足国际社会对人才的要求。这些缺陷都严重制约了我国高职教育的国际化发展进程。因此，创新人才培养模式就成为推动高职学生境外就业，深化我国高等院校国际化办学的必由之路。

（一）人才培养目标的国际化——建立“国际高技能应用型人才”培养标准

从当前的实践来看，虽然不少高等院校陆续开展了一系列中外合作办学以及师生的国际交流等活动，但是对于人才的培养质量而言并无多大改善。问题就在于我们的人才培养目标以及具体的人才标准未能适应当今世界经济发展的现实要求。我们过多地追求了“形式上”的国际化，而忽视了“实质上”的国际化。也就是说，真正的国际化办学，不在于采取的是什么样的形式，中外合作办学也好，师生的国际交流也罢，其实关键的还在于所培养出来的学生的素质如何。

如前所述，随着国际分工的拓展、世界市场的形成以及生产力逐渐走向国际化，高等院校必须培养具有全球意识和开放精神的国际型人才。在国际化办学的过程中，高等院校只有通过积极引进先进的国际化办学理念、课程体系和管理机制，建立起一套全新的“国际高技能应用型人才”培养标准，并帮助学生获取国际认可的职业资格证书，才能使所培养的学生顺利地走进国际劳动力市场，实现国际就业。只有做到这一点，才说明我们培养的人才是符合国际社会需求的，也才能证明我们的国际化办学是成功的。因此，人才培养标准与国际接轨是国际化办学所要达到的最重要的目标之一，更是培养“国际高技能应用型人才”的前提。

（二）“订单式”人才培养的国际化——争取海外“订单”

所谓“订单式”人才培养，是指高等院校以就业为导向，瞄准人才市场需求，校企双方签订用人及人才培养协议，学生在学校、用人单位不同的教学地点学习，在订单企业进行工学结合和顶岗实习，并且学生毕业后直接到用人单位就业的一种人才培养模式。这一模式将企业和学校以“订单”的形式紧密融合，使学校与企业、生产和教学结成一个彼此依存、相互作用的“育人共同体”，其实质就是学校与企业“共同研究制订人才培养方案，为企业‘量身定做’培养人才”。对于学校和学生来讲，也在一定程度上解决了学生的就业问题。目前，该模式在国内高等院校已被普遍采用。

因此，从国际化办学的角度出发，为帮助毕业生顺利实现境外就业，我们广大高等院校应以深化“订单式”人才培养模式的改革为切入点，通过“订单”的国际化来实现人才培养模式和学生就业模式的创新。一方面，可以通过中外合作办学的模式，利用合作方从国外争取用人单位（或跨国公司）的订单；另一方面，亦可广开门路，利用境内用人单位和其他社会资源（如境内的劳务输出中介机构），争取海外用人单位（或跨国公司）的订单。学校从这些国际企业的现实需求出发，对学生的职业素质和能力进行有针对性的培养和训练，培养出真正符合企业需求的高素质技能型专门人才。因此，“订单式”人才培养模式国际化的实现必将有力地推动高等院校国际化办学的发展进程。

（三）实习（训）基地的国际化——建立境外学生实习基地

学生的校外实习是高等院校人才培养中必不可少的重要环节之一，同时也是培养学生理论联系实际、提高自身的专业技能和实际操作水平的重要途径。因此，我们在做好学生的校内实训工作的同时，更要加强学生校外实习实训基地的建设。从国际化办学的角度而言，在办学过程中，不仅要让学生在课程和师资等方面接受国际培训，更要让他们有机会在真实的跨国工作环境中进行实习锻炼。尤其是通过境外实习，让学生真正地感受发达国家高质高效和兢兢业业的工作氛围，在提高自身专业技能的同时，更能够全面提升自身的交际能力、适应能力和自我规划能力。这对于帮助学生顺利实现境外就业具有重要的基础性作用。当然，目前的境外实习因为受到专业、渠道和资金等问题的限制，推广的难度还比较大。

但合作办学在实施过程中也存在着一些问题需要磨合与改进。有些合作办学为了吸引生源盲目开办新专业、热门专业，如电子商务、物流等，根本不考虑其办学的基本条件能否满足这些新专业的要求，这种急功近利的做法导致学生入校后没有专业师资授课，学生很多依靠自学。配套设施如实验室、实习基地都没有建立起来，使学生既无理论又无实践。缺乏专业书籍，专业知识贫乏。这在客观上严重影响了合作办学的教学质量。同时，合作体的师资建设满足不了办学的基本要求，普遍存在着师资队伍结构层次不合理的问题。

师资水平低，教学效果不佳，也影响了学生学习的积极性，造成受教育者付出高额学费却享受不到优质的教学资源。另外，也有合作办学体在文凭管理上不够严格，存在乱发文凭的现象。随着中外合作办学的不断发展，获得学位的形式越来越多，现在甚至出现了通过远程教育、网络教育获得国外文凭的现象。

目前社会上的一些办学组织尤其是一些不具备开展研究生教育资格的机构，与境外机构举办所谓“学位课程”“研究生班”等各类项目，刻意模糊办学的非学位、非学历培训性质，未经国务院学位委员会核准，擅自在办学活动中变相授予学位。根据有关规定，国务院学位委员会负责对合作办学项目授予境外学位进行核准。如果没有制约，势必导致滥发文凭，直接损害学生利益和中外合作办学的顺利发展。由于管理不规范，中外合作办学过程中引进了一些在国外办学历史短、层次低的高校教育资源，并且夸大宣传、吸引生源，看重经济效益和盈利分成比例，对办学质量和办学特色不是很重视，不问教育质量只求投资回报。这种利用我国政策盲区、以“卖文凭”假合作的盈利行为并不少见。

造成中外合作办学不规范的原因是多方面的，既有管理体制上的原因也有观念上的原因。教育理念上，过分强调教育的公益性，而忽视中外合作办学的商业性、盈利性。事实上，外方到我国投资办教育的最大动机就是看准了我国庞大的教育市场，有较大的盈利空间，如果管理者片面强调教育的公益性，外方投资者只有通过不规范的手段挖掘利润。政策导向上，过分强调对外方投资办学的支持和优惠，而忽视了对中外合作办学体的监督和领导。中外合作办学是我国高等教育事业的有益补充和重要组成部分。但教育是关系国家民族兴衰的百年大计，在大力扶持的同时应加强对合作办学的监管和规范。在处理合作与教育主权的关系上，应坚定地把国家与民族的利益放在首位，合作办学项目的达成和执行应遵循公平、公正的原则。

参考文献：

[1] 丁小浩，岳易君．金融危机背景下中国高校毕业生就业状况分析［R］．北京：北京大学教育学院，2009.

[2] 曾湘泉．变革中的就业环境与中国大学生就业［M］．北京：中国人民大学出版社，2004.

[3] 蔡海怡．规范管理提高中外合作办学水平［J］．中国高等教育，2010（20）：22–23.

[4] 贾波．中外合作办学现状及存在的问题［J］．燕山大学学报（哲社版），2012（2）：38–41.

国际化背景下高等院校国际化人才的培育

郭如玉[1]

摘　要　随着全球国际化步伐的日益加快，培养什么样的国际化人才，如何培养国际化人才俨然成为了焦点问题。那么，什么是国际化办学，身为学生的我们要为成为国际化人才做哪些准备，作为教育工作者应该如何做才能更好地培养出适合时代发展的国际化人才，这些问题都成了很好的论点。

关键词　国际化人才；培养；自主；能力；视野

引言

在21世纪的今天，政治、经济以及文化都日益呈现出国际化发展的趋势，当今世界也逐渐成为一个有着密切联系的有机整体，随着全球化的深入发展，高等教育呈现出国际化发展的趋势。因此，国际化办学已然成为衡量一所大学是否是一流大学，是否是特色化办学的重要指标。目前，很多国内高校纷纷提出国际化办学的目标，这也引起了各界人士的广泛关注。国际化办学确实有很多吸引人的地方，例如，可以促进国际文化的交流、可以增进学生独立思考的能力、深化大学体制的改革，等等。但国际化的同时，也出现了很多问题与挑战：学生的英语水平不足、学生的思想政治教育遭受挑战……这些都引发了我们的思考，到底什么是国际化办学？国际化背景下我们到底需要什么样的国际化人才？

[1] 作者简介：郭如玉（1992—），女，北京联合大学商务学院国际商务系工商（1101）班学生。

一、国际化办学的内涵和特征

随着时代的变化，高等教育走向国际化成为必然的趋势，教育必须面向世界、立足世界、走向世界。第一，教育全球化意识主要表现在两个方面，一是高校的教育工作者必须要有国际化意识，这是实现高等教育国际化的先决条件；二是培养大学生的国际化意识，积极引导学生的全球责任意识与参与能力，这是新世纪高等教育的重要使命之一。第二，教育开放与合作意识。开放与合作是新世纪教育改革与发展的鲜明时代特征，要寻找共同的合作结合点，共同发展，从而促进国家间教育的共同发展与繁荣。第三，教育资源共享意识。教育的资源是高等教育的基础，国际化背景下更需要教育资源的国际间共享。第四，日益趋同的教育价值观。

（一）大学生英语的自主学习能力是国际化背景下符合时代需要的关键

国际化步伐的日益加快和中国经济的飞速发展，使英语已经成为国际通用的基本语言，熟练地掌握英语在高等教育国际化程度加深的今天已经成为迫切的需要。如何让学生更快更好地学习并掌握英语，如何培养学生独立学习英语的能力，为学生提供未来终身学习所需的技巧和能力已然成为英语教学者和研究者讨论的热门话题。目前，大多数学生对于英语的学习都是以应试为主要目的、课堂教学以教师为中心，学生一味地依赖于教材和教师，思维受到了很大的局限，只能被动地接受知识，根本没有积极地参与到英语课堂学习的各个环节。在这样的教学模式下，学生的自主性、主体性、实践性难以实现。学生不但自主学习的意识十分薄弱，而且不具备独立承担一切学习责任的能力。创新型人才的标志是个性化学习方法的形成和自主学习能力的发展。因此，培养学生自主学习的意识是培养国际化人才的原动力，而自主学习能力也是国际化人才必备的重要素质。只有解决了知识的无限性和在校学习的有限性，使学生会学习，才能顺应时代和社会发展的需要，才能真正地提高高等教育国际化的程度。

（二）国际化背景下大学生素质的新要求

随着全球化的深入发展以及知识经济社会的最终形成，大学生的素质要求有以下三个特征：第一，国际通用型，这就要求学生能够面向世界，“放之四海皆能用”，可以在激烈竞争的国际环境中获得人生价值和社会价值；第二，一专多能型，这要求大学生综合能力要强，同时也要有自己鲜明的特点，有一技之长，要有能力解决未来社会发展中具有普遍性、整体性、复杂性以及深刻性的社会问题。第三，正义型，要求大学生会运用自己的聪明才智为社会、为国家、为人类的共同发展做出贡献。在国际化背景下，在强调大学生综合素质的同时，对大学生的各项素质也有了新要求，具体可以从以下三个方面来说：一方面是国际化背景下对大学生的思想道德素质的新要求：政治素质、思想素质和道德素质统称为思想道德素质。那么，思想道德素质的新要求主要表现为要有坚定的政治立场。国际化发展必然会带来政治意识形态和各种政治势力的竞争和较量，我国的当代大学生要坚持社会主义，坚持中国共产党的领导，有维护社会主义的勇气和能力。在知识经济时代，知识表现出了更新的迅速性、明显的延伸性、交叉性和实际结合的紧密性，这就更加需要团结合作的精神。这也是国际型人才的必备素质之一。要有科学与人文兼收并蓄的能力，当代大学生应懂得将科学精神、科学方法与人文精神相结合，增强全球意识和人文关怀。第二方面是国际化背景下对大学生智能素质的新要求：智能素质包括智能素质和能力素质，主要要求有自学与知识的现实转化能力。当代大学生不仅要能够完善个人的知识结构，还要培养个人的技能；具备驾驭知识的能力和知识的现实转化能力，要懂得运用网络获得信息；完善的思考问题的能力。积累创造性思维的方法，要学会用国际化的视野，来解决经济全球化中的现实问题。要善于吸收和融合世界各民族文化的精髓；有创新意识和创新能力。全球化时代知识经济的形成，更加强调知识创新与运用。要注重知识和阅历的积累。要注重创新实践。第三方面，国际化背景下对大学生身心素质的新要求：完美人格心理素质的要求，包括广泛的兴趣、积极的情绪、进取的精神、克服困难的决心以及心理适应能力和能承受能力等；要有良好的体魄，这包括对运动知识、技能、耐力等，以及能在复杂的情况下快速而灵活地完成任务的能力。要能符合时代审美素质的要求，当代大学生要懂得认识美、感受美、鉴赏美和创造美。

二、高校教育工作者如何培育国际化人才

（一）加强外语学习，提高学生跨文化交际能力

加强外语及双语教学，强化国际化的师资队伍，提高学生跨文化交际能力，

对于培育国际化人才至关重要。加强外语的学习实际上是在培养学生的国际意识和对多元文化的认同与理解，国际化人才应该能够掌握一门以上的外语，能够利用某种工具或途径进行跨国交流与服务，不断加强和改善外语教学，改变传统观念，是高等学校完成培养国际化人才目标的关键。要充分发挥学生的主动性，培养学生的外语综合应用能力和文化素养，提高学生的国际交往能力。双语教学是高校培养国际化人才的重要模式之一。双语教学不仅促进了学生的语言能力、思维能力和思考能力，还有利于形成广阔的国际视野，有助于提高学生的跨文化交际能力。在日常教学工作中，可以通过集中组织老师前往合作院校交流学习等方式让老师亲身了解国外的学术动态、教学以及科研的方法，这样可以使老师将所学的知识融会贯通，从而更好地指导学生。

（二）实施“两个强化工程”，构建国际化人才培养模式

高等教育的国际化把我国推向了更加广阔的空间。它要求高等教育在教学、科研、人才培养等方面的国际交流与合作要有所加强，要能够充分利用国际教育资源和市场，从而能够培养出具有创新能力、国际意识、国际交往能力、国际竞争能力的国际化人才。培养国际化人才，要求大学必须要面向世界、走向世界，要鼓励学生和教师进行国际流动，促进本国与他国大学的合作。

为了推动国际化人才的培养，我国各个高等院校应着力实施“两个强化工程”，即强化学校面向现代化、面向世界、面向未来的意识，把跨国界和跨文化的大学教育理念和办学模式与自身的教学工作、科研工作和社会服务等结合起来。通过中外合作办学，引进国内急需并具有先进性的课程，结合我国实际，借鉴和吸收国外教育机构办学特色和成功的管理经验，提高国内办学水平，从而通过国际学历、文凭的互相认证打通国际人才流动的通道，更好地实现国际化人才培养的跨越式发展。同时，通过“请进来、走出去”的方式，强化学生的国际竞争意识、国际视野和语言交际能力。

（三）实施国际化产学研合作教育，增强学生的国际竞争能力

国际化产学研合作教育是我国高等教育主动适应国际社会发展而进行的实践教育教学改革的重要举措之一，本质是为了加强高等教育的社会适应性，增强学生的实践能力和社会竞争力。国际化产学研合作教育是利用学校和跨国企业两种教育环境，合理安排好学生课程的学习和社会实践，促进学生的实践能力和整体素质的提高。随着经济全球化进程的日益加快，人们最关心的是高校能否培养出

社会所需要的国际化专业人才。国际化产学研的合作，密切了高校与社会的联系，使高等学校获得大量的社会信息、科技信息和生产信息，以便学校能够按照社会的需要来调整专业，使学校培养的人才更加符合社会要求。与跨国公司合作，不仅开阔了学生学习与研究的视野，能使其更好地将所学用于实践，而且还提高了其自身的国际就业能力，增强了国际竞争力。

结束语

在高等教育国际化的大背景下，培养国际化人才的重点是培养学生自主学习和创新的能力，要让学生在课堂上不仅能学会知识，还能会用知识。作为教育工作者，只有尊重学生的主体性和主动性，重视学生自主学习能力的培养，才能更好地适应21 世纪的现代化教学，才能开阔学生的视野，才能培养出更多符合国际化要求的创新型人才。

参考文献：

[1] 周效坤，宋明武，邵广纪．高等教育国际化的发展趋势及对策研究［C］．电子高等教育学会2004 年学术年会论文集，2004.

[2] 丁笑炯．拉美高等教育国际化评析［J］．现代教育管理，2009（9）.

[3] 黄磊．高等教育国际化问题与对策探析［J］．广东外语外贸大学学报，2009（18）.

[4] 郭先春．高等教育国际化的思考［J］．鞍山师范学院学报，2006.

[5] 陈学飞．关于高等教育国际化的若干摹本问题［C］．中国高校引进外国智力工作研究2004 年会暨大学国际化趋势国际学术研讨会文集，2004.

[6] 崔志．高等教育国际化对我国高等教育可持续发展的影响［J］．现代教育科学，2003.

北京联合大学商务学院国际化办学模式的探索

郭晓东[1]

摘　要　本文简要回顾北京联合大学商务学院近13年国际化办学的历程，从办学理念、培养目标、考核制度等方面对业已被证明了的一条国际化成功办学之路进行阶段性的总结，同时继续对国际化办学模式进行深入的探索，从而形成一套系统完整的国际化办学体系。

关键词　国际化；办学理念；教育模式，探索

引言

近几年来，北京联合大学商务学院冉冉升起了各类竞赛之星，原因就在于商务学院近些年以国际化特色办学促进学生个性发展。北京联合大学商务学院近年来形成了国际化办学的思路，以培养和造就国际商务人才为目标，以建设国际化的精品大学为办学宗旨，用国际化办学带动了教育的现代化。学院坚持以发展为主题，以改革为动力，积极转变教育思想观念，积极推进教育创新，发展国际化办学之路，促使中小型普通高等学校的传统教育模式向素质教育转变，从封闭式办学向国内外开放式办学转变，用国际化办学带动教育现代化，适应了首都经济建设发展需要，形成了与国际教育全面接轨的多层次、多类型、多渠道的国际办学格局。

[1] 作者简介：郭晓东（1991—），男，北京联合大学商务学院财务（1101）班学生。

一、办学宗旨与理念

（一）坚持国际化办学理念，明确办学定位，提升办学水平

办学理念是一所大学发展的灵魂。办学理念是对大学办学规律最基本、最精华的概括和提炼。而办学宗旨、目标和原则则是办学理念的具体化。

要想实现国际化办学的稳定发展，就要树立正确的办学理念。正确的办学理念能体现一个学校的核心价值，能够保持自己的独特个性。商务学院的创新办学模式表现在：在理念方面，以学生成才为中心开展工作；在学生模式方面，强调学生的素质及能力胜于学生的专业素质本身；在教学计划及课程的设置方面，以符合市场的需要为标准；在教学方法方面，以培养学生能力和素质为基础，积极发挥学生本身在学习中的主体作用；在教职工的素质培养方面，提高教师责任心，强化职业培训，优化知识能力结构。

（二）以培养跨文化交流能力为中心，确立国际化人才培养目标

商务学院以学科建设为龙头，以课程建设为主线，推进教育教学改革，狠抓教学质量，建立了有效的教学质量监控体制，规范教学运行机制，在教师中树立了强烈的质量意识，促使教师不断提高业务能力和业务素质。商务学院教师60%以上为年轻教师，年轻教师的优点就是能够很快地接受国际化办学模式，对教学内容、教学方法和考试方式进行创造性改革。商务学院每年有10%左右的教职工出国访问学习，80%的教管人员有出国经历，每年出国的学生平均保持在15%—20%，每年学院都会组织有出国经历的学生给低年级学生做报告，又大大地促进了更多的低年级学生出国留学，这是使商务学院出国人数不断增加的重要环节。

（三）教育思想的国际化

商务学院坚持“育人为本，德育优先”的教学思想，在教学过程中积极推进素质教育，通过严格过程管理为保障，进行强化训练，加强对学生的英语与计算机的基础教学，加强对学生基本素质和基本能力的培养，同时，学院以“诚信，规则”意识为教育的重中之重，建立起一套新的模式——“学生信息管理系统”，尤其是诚信素质档案数据库，使我院对学生的诚信教育渗透到教育的各个环节，构建起信用体系，使学生不仅在学习上有所收获，而且在道德修养方面

有了进一步的提升。

商务学院引进国外原版教材，借鉴国际名校教学方法，开展中外合作研究，教师互相交流，将国际化的办学理念渗透进了商务学院的各个领域，贯穿于教学的全过程，将学院提升到了一个更高的层次，成为培养国际商务人才的摇篮。

教学为主的商务学院明确提出要培养“国际型商务人才”。2003 年，商务学院提出三个根本转变的口号，首先是学生“精英化→大众化→普及化”的根本转变，这是教育的国际公理，教育决不能因学生进入普及化而不搞教育国际化。第二个根本转变是对学生的教育由知识为本转变为能力为本。第三个根本转变是讲课方式由单向型授课向互相式教学的转变，学生学习由被动型向参与型转变。

（四）教学管理和质量保证体系

建设适应国际化办学要求的高水平师资队伍是国际化办学的重要基础。高水平的教师能够向学生传授国际化的知识和理念，能够推动学生开展自主化学习。

商务学院借鉴了英国等国家的先进做法，建立起以学生打分为主、专家打分为辅，同时也互相评价的考核制度，领导监督的四大监控体系。商务学院坚持以学生为根本，学校机关简约化，同时，为了培养学生的双语能力，学院的中青年教师具备了“双语教学”的能力，能够双语授课，同时也能够用国外互动式的教学方法上课。要能够理性地把握不同的文化现象，有效地进行跨文化间的沟通者的地位，应当具有更大的教育抱负，积极开展研究生教育，努力提升办学层次和办学水平，从而提升其在整个高等教育序列中的声望和位置。综上所述，为了适应全球化竞争的需要，国际化办学应充分利用和发挥处于教育国际化前沿的优势，汇集优质的国际化。

国际化的办学理念引领教师的教学过程，通过设计人性化的考评机制，激发教师的内在潜能，加强对教师的多元文化教育，丰富教师的多元文化素养，并通过科研、培训、交流等活动促进教师的专业成长，提高教师的国际化水平，彰显多元文化的育人功能，打造国际化人才成长的平台。

二、国际合作与交流现状

商务学院先后与英国佩斯利大学、诺森比亚大学、亚洲（澳门）国际公开大学、澳大利亚巴拉瑞特大学、新西兰基督城理工学院、新加坡特许科技学院及英国皇家营销资讯学院等大学开展合作办学项目，开通了多次本硕连读国际直通车，为不同层次和需求的学生攻读国（境）外学士、硕士学位开辟了更多的途径。学院与英国佩斯利大学、诺森比亚大学开展的联合培养学生的项目开创了“3+1”办学模式和五年获三个学位（两个学士学位、一个硕士学位）的新途径，取得了良好的效果，深受学生欢迎。在这个项目中，学院与英国合作院校相互承认学分，学生在我院学习三年后，第四年可申请出国留学，在英国修习一年，成绩合格者可同时获得国内学士学位及英国学士学位；留学学生获学士学位后，可继续攻读硕士学位（一年），因而实现了五年获三个学位的目标。学院坚持诚信为本，在留学手续的办理中，每年的团体签证率均为100%。五年来，我院所派送出国留学的非艺术类学生比例接近20%，留学海外的学子珍惜时光，努力学习，学士学位获取率为100%，近年来继续攻读硕士学位的学生占留学生的比例达到了85%。为进一步做好留学生选送工作，确保留学生的素质和水平，2005年起还实行了留学基金制度，资助家庭有困难的拔尖学生出国留学。

除培养学生获得学位的合作项目外，学院先后与芬兰麦尔梅商学院、香港理工大学、美国密西根社区学院、德国欧姆大学、纽伦堡工商会等开展了其他形式的合作项目。目前，我院各系部、研究所等都加强和深化国际交流与合作，学院与英国佩斯利大学的科研交流与合作、会展研究所与德国相关行业协会的合作、商务艺术设计系与我国香港和台湾地区相关大学的合作等都取得了新的进展。

三、继续探索之路

（一）国际化办学需要注重特色

国际化的办学特色不仅仅需要我们在人才培养目标上要有自己的特色，还要在教学理念、教学内容、国际化合作、师资队伍建设和人才交流方面等都要具有一定的特色。

1. 国际化的办学理念和办学思维是形成国际化办学特色的重要前提

首先，大学校长要具有国际视野。在人才培养模式上，取人之长，融东西文化精华，创国际思维精髓；在教育方法上，敢率先打破临摹式思维，把国际化的办学理念融入学校的一切工作之中；要走特色兴校之路，落实教授治学，打破师道尊严，树立学生至上的服务意识。除了具有国际视野的优秀校长外，还必须建设一支优秀的具有国际化理念的管理队伍。国际交流、专项培训等可以使管理队伍具有国际化的视野和理念。

2. 在教学内容方面体现国际化特色

主要是增设有关国际教育的专业或课程以及在已有课程中增开国际性内容。课程国际化，不仅应开设更多关于其他国家和国际问题的课程，而且所有课程应当体现国际观点，院校之间合作开展国际教育计划和跨文化研究，以及开设如何运用高新技术进行国际学习和研究的课程。要从国际化角度出发调整培养目标，变革课程体系和教学内容，增设有关的国际教育课程。这类课程，西方人常常使用国际学科、国际课程、跨文化课程和跨国课程等词汇来表述。我国高等学校要在教学内容方面创办国际化办学特色，需要重视以下方面：①加强公共外语教学，提倡使用一定比例的外文原版教材、推行双语教学等；②在公共基础课和文化素质修养课中开设国际教育方面的课程作为通识教育的一部分，如开设国际政治、国际经济、国际贸易、国际文化，以及介绍外国历史、地理、风土人情等方面的课程；③在本专业、本学科的教学内容中介绍国外最先进的科学文化知识和科技成果；④选用国际上最先进的教材，吸引外国专家、学者来讲学。

3. 在人员交流方面体现国际化特色

主要包括学生互换合作培养以及教师互派学者互访两大方面。就学生互换而言，一是应注意向国外派遣留学生，并逐年增加派遣数量，学习外国先进的科学技术及优势学科，让学生通过在异国文化环境和社会氛围中的学习、生活与交流，养成尊重异国文化的心态，接受异国民族风格的熏陶，提高了解和研究国际问题的兴趣和适应国际环境的能力，造就深谙异国文化的高层次国际人才。

4. 在人才培养目标方面体现国际化特色

在国际化的进程中，高等学校的人才培养目标开始向国际型发展，注重培养面向世界的通用人才。我国高等学校在人才培养方面要向国际化要求靠拢，培养目标上强调人才的国际通用性。要由过去单一的知识结构向能力结构转化，由封闭式结构向开放式结构转化，使培养的人才具备国际竞争能力；要重视培养学生的国际意识、合作精神、创新能力和诚实守信的品质等；要在能力培养方面体现国际化特色，不断提高学生的国际化交往能力，加强国际理解教育，促进学生提高其掌握国际交流、国际对话和获取国际信息的能力。

此外，还可以在资源共享方面（包括教育技术、设施等）体现国际化特色。例如，按照学科或专业领域建立信息网络，实施国际间教育资源的互补和援助，包括建立全球教室、虚拟大学、网上大学和电子图书馆等。

（二）正确处理好特色与一般的关系

办学特色对提升大学的核心竞争力，促进大学的发展具有十分重要的作用，但对于一所大学来说，如果特色不是建立在厚实的基础之上，那么试图仅仅依靠特色在激烈的市场竞争中求得生存和发展是远远不够的。特色是生存和发展的重要条件之一，但绝不是充分条件。我国高等教育发展的历史才一百年，其间又饱经沧桑，高等学校还处在成长过程中，一般性的基本建设还有很长的路要走。一般说来，创特色是一件于高校、于高等教育乃至于社会都有益的事情，但是真理前进一步就可能变成谬误。如果一所学校的基本建设不达标，学校领导把大量的财力和物力花在所谓的创特色上，寄希望于创特色摆脱学校的困境，那将铸成大错。从以上分析可知，创特色不是高校建设的捷径，特色只是高校的一个或几个点，不能代表高校的整个面。高等学校创建办学特色的最终目的是促进学校整体办学实力的提高。离开了这一点，创建办学特色就失去了意义和价值。因此在高校建设中要处理好特色与基础的关系，对于发展中的高校来说，打基础和创特色同样重要。即使是国内顶尖的高校，在创特色时也不可忽视基础建设，应将二者有机统一起来。

（三）处理好具体工作和发展规划的关系

规划是比较全面、长远的发展计划。学校的发展规划是学校具有前瞻性、全局性的发展计划。学校需要一个远景目标，需要一个发展规划。每一项具体工作只有在发展规划的统一指导下才能少走弯路，有效地实现既定目标。制定学校发展规划可以使学校的总体发展战略明晰化、具体化，使战略目标得到具体的落实和实施；制定学校发展规划有助于通过多种方案的比较研究，趋利避害，优化结构，科学部署，选择最佳的实施路径；制定学校发展规划有利于协调大学内部各层次、各单元的关系以及大学与外部的关系，使复杂的相关因素达到平衡，提高大学自主发展的整体效益。大学要探索和形成国际化办学特色，还需要专项发展规划。通过制定国际化办学的专项发展规划，明确国内外高等学校国际化办学的现状、趋势和自身的状况，明确国际化办学的指导思想和发展目标，明确学校实施国际化办学的保障措施。有了这个专项规划，学校的国际化办学需要明确什么、突出什么，都会变得清晰可见。在具体工作中只要遵循规划确定的指导思想、具体原则和发展目标，就会取得事半功倍的效果。

（四）处理好国际化与民族化的关系

在探索和形成高等学校国际化办学特色时，要正确处理国际化和民族化的关系，不能顾此失彼。事实上，国际化和民族化是一个统一体，是一个问题的两个方面，是彼此共生的。真正民族的、本土的东西，才具有与世界交往的价值。一个国家的高等教育，如果从根本上缺失了民族性，就不可能有世界性，就难以在世界文化舞台上占有一席之地。当然，民族的东西并不就是保守的东西，它应该是不断创新和超越的，同时又保持着自己的个性和特色。

不能把国际化简单理解为西方化，否则就会导致对西方文化的盲目崇拜以及民族文化精神及其个性的消解、退化。如果我们的学子逐渐丧失了对本民族语言及其文化内涵的兴趣和热情，一味追求西方文化的话语方式、概念系统乃至价值准则，我们就失去了与国际对话的立场和资格。王岳川教授将国际化、全球化划分为四个层次——科技的一体化、制度的并轨化、思想的对话化和信仰的冲突化，并认为随着层次的递进，同的成分愈来愈少，异的成分愈来愈多，到了信仰这一层次，连对话都不大可能。日本教育在学习西方经验时，器物和制度层面学得十分到家，但在精神文化的最深层永远坚守他们自己的东西。因此大学之道，既要在科技、制度等层面追赶潮流，与国际接轨，更需要在思想和信仰等层面上有所自为，有所坚守。

参考文献：

[1] 王岳川．全球化语境与当代中国文化转型［J］．求是学刊，2002（5）：4-8.

[2] 中国高等教育协会．中国高等教育启思录——百所地方本科院校办学理念与特色研究［M］．北京：北京理工大学出版社，2009.

[3] 百度文库搜索．中国大学国际化发展特色与策略研究．http：//wenku. baidu. com/view/610ec477a417866fb84a8e23. html.

[4] 百度搜索，《教育国际化与中外合作办学探究》，优论网．http：//www. uuubuy. com/html/dianzishangwuzhuanye/dianzishangwushuji/2011/0402/22788. html.

[5] 中共中央，国务院．关于进一步加强和改进大学生思想政治教育的意见（中发［2004］16 号）［Z］.

对北京联合大学商务学院国际化办学特色的研究

姜俊阳[1]

摘　要　国际化办学是使中国教育文化与世界接轨的重要途径，是大力培养全面发展创新型人才的关键因素，是促进中外合作友好关系的必要保证。本文在分析国际化办学特色的概念和作用的基础上，论述了北京联合大学国际化办学特色的发展历程，并在办学理念、合作办学、教学特色、人员交流与培养等方面分别做了阐述与分析，同时指出国际化办学特色带来的机遇、发展与挑战。

关键词　国际化办学；以人为本

一、国际化办学特色的概念和作用

（一）国际化办学特色的概念

随着我国经济的发展、科学的进步，教育在国内普及的同时也越来越多地向国际化发展延伸，并且也正在逐步从应试教育的被动学习转变为开放教育的主动学习。在这个过程中，大学开展国际化办学特色项目也显得尤为重要，如何探索和形成国际化办学特色也成为各大高校当前面临的问题。

北京联合大学商务学院是一所公立普通高等院校。她以领先的国际化办学特色创造了高出国率、高就业率；她以“以人为本”的理念创造了优良的教育质量；她为全体的本科学生提供了一个平等的出国、考研舞台；她为那些高考不理想的学生和渴望专升本、本读研的学生圆了出国留学梦。

---

[1] 作者简介：姜俊阳（1992—），女，北京联合大学商务学院工商（1102）班学生。

(二)国际化办学特色的作用

1. 国际化办学特色是北京联合大学商务学院立足于高校之林的基础

大众普遍认为北京的学校拥有优良的师资力量，精良的技术设备，优雅的教学环境，充足的实习机会，这也导致很多外地生源高分考入此校。然而商务学院最吸引人也最具实力的还是其国际化办学特色，与很多国外的学校联合办学，且已具有13年的实践经验和丰富的资源储备，而且生源人数相对比例较大，在校全日制学生均有平等的机会，这些是很多高校所不具备的，也是商务学院立足于高校之林的基础与保障。

2. 国际化办学特色提高了北京联合大学商务学院的整体水平

国际化办学特色项目的开展实施，使很多的交换生、外国教师加入这个大家庭，使商务学院更具国际化色彩，且学院的整体英语教学的广度和深度都有所增加。同时也为了吸引更多的外来交换生，学院的整体水平比如师资建设、教学规划、环境改善等方面都有很大提高，一定程度上提升了商院的整体水平。

3. 国际化办学特色推进了商务学院的发展并赢得了核心竞争力

国际化办学特色越来越成为考生、家长、政府及社会各个方面关注的重要因素，也是学院能获得更多优质资源的重要前提。随着国家扩招政策的实施开展，各大高校对优秀生源的需求也越来越迫切，竞争也越来越激烈。但在双向选择的过程中，国际化办学特色便成了数万考生优先考虑的因素。越来越多优秀生源的加入，学校也就可以稳步提升，从而形成一个长久的良性循环。

二、北京联合大学商务学院合作办学的发展历程

早在2000年北京联合大学商务学院就已提出国际化办学理念并成功实践。商务学院与英国佩斯利大学成功合作，在全国率先创造了“3+1”联合培养学生的留学模式。即本科前三年在商务学院学习，经过审核选拔第四年到英国学习，两国双方共同设定教学计划、教学大纲、教学课程，并且互认学分和学位。学生毕业后可同时获得中英两国两个学校的本科学历和学士学位。学生毕业后可选择就业，也可选择在英国的佩斯利、诺森比亚、爱丁堡、杜伦和伯明翰等著名大学读硕士研究生。这样学生可以在5年内获得3个学位。由此，学院又率先创造了5年拿3个学位的留学模式，被学生和家长誉为留学的“黄金桥”及本硕连读的

“国际直通车”。2002 年，商务学院与英国诺森比亚大学签署合作意向书，并开始派留学生赴该校学习。孙明院长在 2002 年中美韩三校国际研讨会上发表演讲，商务学院与新加坡哈福特学院签署合作办学协议。2003 年 8 月 7 日，商务学院国际培训中心与美国巍泰商学院签订合作开展 AIB 职业证书培训项目协议书。2004 年 2 月 18 日，商务学院与新加坡特许科技学院、英国皇家营销资讯学院签署三方联合培养研究生协议。2005 年 5 月，张秀国书记带队赴马来西亚考察，与马来西亚国际大学双科技学院（IUCTT）签订了合作办学意向书以及合作细则。2005 年 10 月 16 日，商务学院与加拿大温尼伯格大学签署合作培养学生协议。2006 年 1 月，孙明院长带队到爱尔兰卡罗大学考察，商谈教师进修事宜。2010 年 10 月 9 日，由北京联合大学发起的一个教育国际化组织——国际化联盟（League of University Globalization）成立。目前，已经有来自 12 个国家和地区的 20 所院校参加了该联盟。联盟的宗旨是提供交流平台、增进相互了解、促进高等教育国际化，实现教育教学多元化。现北京联合大学已与世界上 30 多个国家和地区的 110 余所大学和研究机构建立了校际交流关系。

三、商务学院国际化的教学特色和人员交流与培养

（一）全英班设置与全英语教学

商务学院在近几年开设了全英语教学的新模式，创办了全英班。根据学生意愿及成绩选拔出成绩优秀尤其在英语方面突出的学生进入全英班学习。全英班的学生大多都是将来有意愿出国留学的学生，所以学院在大一便给其创造一个全英语环境。全英班的教材均为英文原版教材，教师也是经过选拔后可以利用全英语教学的教师，甚至还有少数外聘高级教师。除此之外，全英班每周还有 4 节专门的外教课，即由外国教师进行授课，主要培养学生口语交流表达能力，同时在一定程度上加深对外国人文环境的了解与认识。

（二）经济大类招生与全英语教学

学院始终坚持以人为本的理念，在大一设立经济大类专业，这个专业给那些想学经济却又不知道要专攻哪个专业的学生提供了缓冲期，进入该专业的学生前一年半的时间是各方面专业知识均有涉及，且也分为全英班及非全英班。一年半以后学院会给学生第二次选专业的机会，根据之前的学习让学生了解自己的兴趣所在并且更明确自己未来的目标和发展，第二次专业选择也让学生和家长更有目

的性，一定程度上弥补了高考报考志愿的遗憾。继续留在全英班的学生会用英语学习更多的专业知识和技能，其专业术语的英文掌握情况要远远优于其他学生。

（三）教学特色与公共网络平台

教师讲课更要具备国际化、多元化特色。教师经常会引导学生模拟商务谈判、国际贸易等活动，让学生在提升专业知识的基础上加强英语沟通交流能力。学院还经常开展与英语有关的各项活动，如每年一次的英语文化节，英协社团活动，组织本土学生与留学生一起进行课外活动交流感情。这些活动的举行不但提高了学生的外语水平，也加深了我院与外国院校的交流合作，更在一定程度上促进了中外友好关系。此外学校设有网络学堂及内网资源下载公共平台，在网络学堂上除了课上的专业知识课件外还会补充很多与之相关的外国新闻事件或文献资料等，学生还可以免费下载很多英文电影和小说，提高了大家对英语的学习兴趣，也帮助学生学习并增加知识储备量，加强国际交流合作能力。

四、国际化办学特色带来的机遇、发展与挑战

（一）国际化办学特色带来的机遇——与大型学校共舞

国际化办学特色使北京联合大学具有先进的办学理念，符合社会的发展需要，符合教育的规律，帮助很多学子完成了出国留学梦；国际化办学特色使北京联合大学具有先进的设施和条件，高水平、高学历、高阅历的教师，他们具有专业的英语知识和文化背景，教室均配有齐全的电子应用设备；国际化办学特色使北京联合大学有科学的管理，能科学地协调本土学生与留学生的日常生活与沟通交流，科学地协调文化差异所造成的影响并且取其精华、去其糟粕，科学地协调已出国留学学生的生活学习；国际化办学特色使北京联合大学具有鲜明的办学特色，她具有很多高校所没有或是尚不健全的对外交流合作项目；国际化办学特色使北京联合大学具有高质量的人才培养，凡是参与交流合作项目的学生均有国内国外两所大学的学士学位证，毕业后相对于其他本科毕业生有一定的竞争力。

（二）国际化办学特色带来的发展——需求决定了定位

北京联合大学商务学院能够从带有“纺织”色彩的专业逐步变成相互配套的商务专业，并跻身高校之林，很大原因是学院坚持按人才市场需求构建人才培养模式，创办具有国际化特色的学校，也就是需求决定了定位。

（三）国际化办学特色带来的挑战——如何“低进高出”

对于北京联合大学自身而言它并不是大众所认为的高等院校或是名牌院校，也就意味着进入这所学校学习的学生分数或是水平不一定是一流的，那么核心问题就是如何让这些入校不是一流水平的学生毕业后在社会中成为一流人才，首要也是唯一的任务就是提高教学质量，加强学校日常管理，提高学生的综合素质。

1. 早晚自习制度

商务学院设立了其他高校没有的早晚自习制度，一方面学生可以利用早晚自习时间学习英语或其他专业知识，为那些自制力差的学生创造了更多的学习空间和时间。另一方面学生也可以利用这段时间加深同学之间的了解，有利于班级建设。除此之外，早自习还可以作为一个缓冲时间，让学生提前进入学习状态，有利于第一节课的学习。

2. 教师与学生同在

在学生的普遍认知里，到了大学除了上课之外基本上就不会有和老师打交道的机会，更不会有教师像高中老师一样对学生严格管理了。但是商务学院在某些方面仍然与高中一样管理，教师与我们同在。早晚自习，我们都可以看到班主任辅导员、值班教师的身影，这在一定程度上监督着学生更有效率地学习，而非放任自流。学生有问题还可以主动与老师沟通交流解决。其余时间，班级助理也会紧跟学生学习生活，提供帮助的同时也是一直督促和鼓励。任课教师也很认真负责，耐心给同学们答疑解惑，在完成规定的教学课时后还愿意在考试前为同学们额外补课。

3. 丰富的学习资源

学校设立了网络学堂公共学习平台，在上面我们可以找到上课教师的课件及相关课外资源，还设有教学大纲、教师信息、小组互动、第二课堂、成果展示、作业布置和成绩查询等相关板块。这些板块的设立既可以提高学生自主学习能力，又可以加强教师和学生之间的沟通，更有利于学生学习。此外，每位在校生每年都拥有200小时的电子阅览室自由上网时间，还有实训楼的机房在没课时也都免费为学生开放，这在一定程度上激发了学生的学习积极性，同时也给一些家庭有困难的学生提供了经济便捷的学习机会和资源。图书馆是每位大学生学习生活中必不可少的。商务学院的图书馆占地面积虽然不大，但是图书种类繁多齐全，基本能满足学生需求，而且内部环境也很优越。

4．民主、平等的学校氛围

学校为学生提供了很多民主交流的平台，以面对面座谈、意见信息反馈等方式为主。学生有机会直接向校领导反馈意见并切实地提出改进措施，这也在很大程度上迎合了以人为本的校训。

除此之外，还应该继续加强教师整体水平素质，多组织并参加与其他高校的交流合作学习活动，借鉴成功经验，总结自身不足并加以改正。总之，商院正积极努力，“低门槛，高标准，严要求”，力求打造“低进高出”的高水平院校。

参考文献：

[1] 孙明，张秀国．开创国际化办学品牌　打造高效诸多冠军项目［M］．北京：冶金工业出版社，2006.

[2] 赵彦志．中外合作办学治理与发展［M］．大连：东北财经大学出版社，2010.

[3] 李福华，刘云．论高等学校的国际化办学特色．http：//www. doc88. com/p－662134078909. html.

[4] 张奕，庞明．北京联合大学探讨地方高校如何走好国际化之路［N］．光明日报，2010-9-29.

[5] 中国高等教育协会．中国高等教育启思录——百所地方本科院校办学理念与特色研究［M］．北京：北京理工大学出版社，2009.

[6] 百度搜索．教育国际化与中外合作办学探究．优论网．http：//www. uuubuy. com/html/dianzishangwuzhuanye/dianzishangwushuji/2011/0402/22788. html.

[7] 百度文库搜索．中国大学国际化发展特色与策略研究．http：//wenku. baidu. com/view/610ec477a417866fb84a8e23. html.

国际化背景下的高校商务型人才培养探索
——以北京联合大学商务学院为例

姜　然[1]

摘　要　新的时代背景下，高等教育国际化进程不断加快。与此同时，国际化对高校人才的综合素质也提出了更高的要求。北京联合大学商务学院作为一所公立普通高校，以“建设应用型国际化精品学院”为首要发展战略，瞄准学科方向，依托明确的学科优势，在国际化合作办学方面进行了积极的实践，并对高校国际化商务人才的培养进行了探索和总结。

关键词　国际化；合作交流；人才培养；北京联合大学商务学院

一、国际化背景下的高校人才需求

（一）经济全球化背景下的人才战略

以人为本是科学发展观的核心内容，以人为本赋予科学人才观鲜明的时代特征。当今世界，知识经济方兴未艾，人才战略的地位和人才资源的作用正随着时代的发展而不断显现，实现全面建设小康社会的宏伟目标，必须更新观念，树立符合时代要求的科学人才观，把人才资源作为最重要的战略资源去认识、开发。

（二）国际化对高校人才培养的要求

经济全球化对高校人才素质提出的具体要求包括：具有国际意识、国际交往能力、国际竞争能力、主动的应变和挑战能力、敏锐的洞察能力、高度的创新、务实能力、前瞻的引领能力等。

---

[1] 作者简介：姜然（1992—），女，北京联合大学商务学院国际商务系财务（1102）班学生。

高等教育作为一种社会活动，应根据社会发展需求规划自身的目标。针对我国高校而言，我们在与全球化接轨的国际化人才培养道路上虽取得了一定成就，但仍远远不能满足社会发展的需要。那么如何才能实现高校国际化人才培养与社会需求有效接轨呢？培养国际化商务人才，加强国际交流与合作，是尤其重要的。

二、加强国际交流与合作对人才培养的意义

（一）国际交流与合作的重要性

当今世界，经济全球化不断深入发展，国家与国家之间的人才交流活动日趋频繁，师资与生源的国际流动日渐加速，教育方面的国际化竞争日趋激烈，高等教育国际化已成为整个社会的大势所趋，并受到越来越多国家政府和教育机构的普遍关注和高度重视。在这样的社会背景下，越来越多的教育者认识到，我国的高校人才培养战略要想在新世纪新要求下获得生存和发展，就必须依靠国际合作与交流，通过加强高校国际化办学，扩大对外开放，科学整合国内外有效的教育资源，实现自身的发展和提升。

（二）北京联合大学商务学院在国际化背景下的探索

北京联合大学商务学院作为一所应用型大学，建院 20 余年来，励精图治，勇于探索，坚持以发展为主题，以改革为动力，转变教育思想观念，积极推进教育创新。近年来，学院走出了一条国际合作办学的跨越式发展之路，摸索出了一套适应社会主义市场经济体系的办学模式。学院从传统教育向素质教育转变，从封闭式办学向国内外开放式办学转变，以外事拉动内事，用办学国际化带动教育现代化，主动适应首都经济建设发展需要，形成了多层次、多类型、多渠道的国际合作办学格局，在提高教育教学质量方面实现了新的突破。

商务学院以培养应用型国际商务人才为建设目标，重视国际交流与合作，积极朝着国际化的方向发展。学院始终秉承“学以致用”的优良校训，坚持以学科为导向，依托学科优势，以教学为中心，强化质量意识，严格质量监控，经过多年来的建设，学院现已发展成为一所拥有国际商务系、国际经济系、电子商务系和涉外商务系等多个系部和科研机构的国际化学院。围绕“建设应用型国际化精品学院”的发展战略，商务学院积极开展国际合作与交流，并将国际合作成果

引入管理和教学科研工作之中，取得了显著成效。

自2000年起，商务学院开始国际合作办学已历经13年，培养了一批应用型国际商务人才，国际合作办学已形成学院独特的办学特色和办学品牌。

1. 多种类国际办学项目的开展

为了引进国外先进教育理念、优质教育资源和先进的教育办学经验，自2000年开始，商务学院先后与英国佩斯利大学、诺森比亚大学、亚洲（澳门）国际公开大学以及澳大利亚、新西兰、德国、爱尔兰、希腊、马来西亚等国家和地区开展合作办学。在已有合作项目基础上，学院还继续拓展与其他国家或地区的合作交流，不断增加在校学生接触境外高校的机会。2007年，学院启动了与香港岭南大学的本科生交换项目。此外，商务学院还与加拿大温尼伯大学、英属哥伦比亚大学奥肯那根校区、新布伦瑞克大学签署合作协议，并同美国布莱恩特大学、爱治伍德学院等多所高校建立起稳定的交流合作关系。通过一系列的国际合作办学项目，学院开通了本硕连读国际直通车，为不同层次和需求的学生攻读国（境）外学士、硕士学位开辟了更多途径。

2. 科研合作与学术交流项目

北京联合大学商务学院在国际化办学方面，在注重学生国际交流的同时，把教师的国际交流同样视作高等教育国际化的一个核心部分。具有国际知识和经验的教师在推动教学、科技向国际化方向发展的进程中起到了关键性作用。

为适应国际化办学需求，商务学院每学年均派6名专任教师和管理干部到英国西苏格兰大学等境外高校学习，通过此种方式打造全英语教学的师资队伍。2005年以来先后有百余名教职工前往9个国家和地区进行访问、考察或进修、攻读学位。商务学院因此获得了更多的专业知识和国外先进的教学模式，从而使教学水平和教学质量整体提高，也为学科建设发展打下了坚实的根基。

3. “走出去”与“引进来”相结合

国际化的办学模式、商务类专业的学科优势给商务学院带来了良好的国际声誉，学院的特色教学、规范管理和良好服务吸引着越来越多的来华留学生到我校学习考察。

自2006年始，学院重视来华留学生工作项目，首次招收了7名短期留学生到学院进行专业学习；2007年，学院共招收来自4个国家的22名长期留学生；2008年，有来自14个国家的40名留学生来到商务学院学习交流。此后至今，学院始终不断发展来华留学生项目，扩大规模，提高层次质量，为国际化办学提供更为广阔的发展平台。

三、打造学院品牌特色，彰显国际交流成效

经过多年的探索实践，商务学院已逐渐树立起了自己的国际品牌形象，形成了独特的办学教学特色。学院不仅推动了国际化合作交流办学的发展，更是从中受益，无论从师资建设到教学改革，还是从引进教学经验到提高管理水平，都可以看出国际合作为学院带来的积极影响。

一直以来，北京联合大学商务学院面对经济全球化和教育现代化的现实，紧密围绕“建设应用性国际化精品学院”的发展战略，在积极鼓励学生出国留学，充分利用国外的教育资源为学院培养人才的同时，也制定相应的政策，改善办学条件，扩大招收外国留学生，进一步扩展国际高等教育市场，积极发展国际教育产业，把国际合作交流成果最大限度地引入教学科研工作中，为学院的持续健康发展打下了良好的基础。

结束语

立足21世纪的今天，北京联合大学商务学院将会继续致力于国际合作与交流，改进和提高外事管理水平，深入吸收总结国际合作交流中的经验教训，积极开拓国际交流新领域，为打造“应用型国际化精品学院”、建设强硬的师资队伍、培养“国际化应用型商务人才”做出更大的努力和贡献。

参考文献：

[1] 高丽霞．加强国际交流合作培养国际商务人才——北京联合大学商务学院国际合作模式的探索和实践［J］．现代商贸工业，2009（2）．

[2] 霍亚丽．注重通才教育培养国际化人才——国际化背景下高校人才培养目标的定位［J］．出国与就业（就业版），2011（18）．

国际化背景下提高大学生就业竞争力的研究

李冬梅[1]

摘　要　近几年，大学生难以适应市场对人才多样化、动态化和复合化的要求，就业趋势一年比一年严峻。尤其在国际化背景下，就业市场对大学生综合能力的要求也在不断提高。所以研究如何提高大学生就业竞争力是非常必要的，既有利于大学生自身的人格塑造、综合素质的培养和就业竞争力的提升，同时对高等教育改革和政府部门政策的制定也有一定的参考价值。随着经济全球化的迅猛发展，我国高校开展国际化办学抓住了中国高校跨越式发展的难得机遇，我国必须深入认识国际化办学对大学生就业竞争力提升的必要性，切实转变教育观念、重视战略研究，缩短人才需求水平和大学生就业能力的差距，进而增强大学生的就业竞争力。

关键词　大学生就业竞争力；国际化办学；实践战略；办学理念

引言

大学生就业形势的严峻给我国高等教育带来了巨大的挑战，用人单位需要具有创新精神和综合素质、综合能力较高的人才。当代大学生的综合能力相对较弱，所以高校应通过分析大学生就业竞争力和国际化办学的现状，更新教育观念，开拓创新，不断提升办学实力和水平，努力探索提高大学生就业竞争力的途径。

[1] 作者简介：李冬梅（1991—），女，北京联合大学商务学院国际商务系财务（1101B）班学生。

一、我国国际化办学的现状分析

（一）国际化办学的发展趋势

经济全球化的加速发展，经济时代对人才的要求也逐渐提高，用人单位需要具有高素质、多技能、团队合作精神、创新精神和国际化视野的人才。这就要求高校具有国际化的办学视野，教育国际化也逐渐成为势不可挡的潮流，知识经济需求、规范和标准都应建立在国际层面上；由于就业形势越来越严峻，高校竞争非常激烈。实施创新教育，可以使学生在市场上具有绝对的竞争力。

（二）我国高校教育不重视培养学生的实践能力

我国高等院校非常重视文化知识的教育，而忽略了学生素质能力、专业技能、创新能力和实践能力的培养。当代大学生普遍缺乏这些能力，这也是就业竞争力弱的原因。相对于专科生来说，本科生的实际动手能力很差，而专科生有较强的专业技能和实际动手能力。随着经济全球化的迅猛发展，经济全球化时代对大学生的各方面素质与能力都有很高的要求。

（三）大学生自身定位不准确

大学生普遍缺乏准确的自我定位以及相应职位的职业形象。从进入大学开始，大学生便渐渐地从大学生转变为社会人，但是大部分大学生不能很好地适应这样的身份转换。很多大学生自我感觉良好，盲目地认为自己所具有的能力、素质和学到的知识就是用人单位所需要的。他们经常考虑的是自己喜欢什么职业，将来就从事什么行业，盲目地认为自己对这个行业有兴趣，就说明其有从事这个行业的天赋以及所要求的能力，这也是许多大学生无法顺利就业的原因。因为他们并不了解社会和用人单位真正需要的是什么，他们总是从自身角度出发，很少从社会和企业的角度去思考，不能全面客观地评价自己。

大学生不能根据自身的实际情况客观地分析出自己确切的人格特质，自身的优势、劣势，导致大学生难于与社会接轨，从而也与很多机会失之交臂。

二、提高就业竞争力是大学生顺利就业的根本途径

就业竞争力，是指大学生毕业时和别人竞争工作岗位，具有打败竞争对手，

找到适合自己发展和实现人生价值职位的能力。就业竞争力包括四个要素：一是基础知识；二是专业技能；三是综合素质；四是实际动手能力。基础知识和专业课为学生提高专业技能奠定基础，校外的实践为学生提高实践能力、人际交往能力、创新精神和团队合作意识有很大的帮助。

（一）提高英语和计算机的应用能力

英语和计算机的应用能力是大学生求职必须具备的能力，尤其在国际化背景下，英语的口语表达能力和听力显得尤为重要，用人单位对大学生英语水平的听说读写能力的要求也在日益提高。现在科学技术进步相当快，高科技产品日新月异，现在的工作几乎全部用计算机完成，所以具备一定的计算机应用能力也是必需的。

（二）提高思想道德素质和身心素质

良好的思想道德素质是大学生成长的根本，主要是指大学生应具备良好的品德修养、健康的思想、正确的世界观、人生观和价值观。“做事要先学会做人”这句话中蕴含着深刻的道理。

良好的身心素质和思想道德素质是大学生从事各项工作所必备的素质。目前，时代在快速发展，就业竞争日益激烈，给大学生带来的就业压力也很大，这要求大学生具备良好的身心素质，有一定的心理承受能力。要提高就业竞争力，大学生还必须具备吃苦耐劳、爱岗敬业的精神，还要遵守职业道德。

三、实施国际化办学的战略，提高就业竞争力

（一）师资队伍建设的国际化

商务学院积极引进国外先进的教育技术和教育设备，聘请国外高水平的教师和专家，各个专业根据不同教学阶段的不同特点采取不同的方式教学，针对国外与中国传统本科教育的不同，采用长期引进的方式分别引进了具有扎实的专业理论知识、国际化先进的教育理念和良好的职业道德素养的教师队伍。我国高校可以派遣中国教师去海外交流学习，深化国际化教育背景下的教育理念，拓宽国际化视野。这些教师经过海外学习，可以熟练掌握一门外语，并可以用外语授课，具有较强的国际交流和合作能力。与国外一流大学的老师合作一些科研项目，也联合指导学生。这些活动提高了教师的实践能力、教学能力和创新能力，也间接

提高了大学生的就业竞争力。

（二）促进大学生与国际的交流

世界一流大学都非常重视学生出国交流。波士顿大学每年有大量的本科生在国外学习，澳大利亚的莫纳学校有着丰富的交换生。国际化学生交流为学生提供海外平台和机会，同时也提供一种真正融入全球化意境中的教育体验。通过海外交流学习、科研和参加国际学术会议、文化活动等形式，学生有机会置身于海外特殊的学习环境中。这对大学生各方面发展都有着积极影响，对提高大学生的就业竞争力也有很大的推动作用。

（三）重视大学生在校期间的实习实践

国际化实习实践是学生创新能力培养的重要环节，国际化的实习实践使学生在实际工作中了解国际通则、增进国野，从而为学生国际竞争力的培养打下基础。几个月的体验实习和几个月的实岗实习，对提高大学生的就业竞争力有很大的帮助。高等学校每年都应该有相当比例的学生去国外进行实习，其余学生也大部分在国际知名外企实习。学生与来自不同国家的企业人员共同组成工作团队，解决工作中遇到的实际问题，并且经常与海外进行视频电话会议协调工作进展。整个实习过程对学生的语言表达、国际视野和思维以及国际企业文化等都有很大提高。海外实习可以让学生积累国外的工作经验，也可以提高大学生的就业竞争力。

四、加强大学生教育

（一）加强大学生的思想教育力度

加强大学生就业思想教育力度，这是思想政治工作较为薄弱的一个环节。目前，绝大多数高校通过开展多样化的就业服务活动，搭建各种就业平台，但是学生参与度不高或者学生是被强迫参与的，因为他们认为自己已经具备了用人单位所要求的各种能力，不必参与这种平台，或者是学校的就业服务活动没有实质性的作用，对学生的就业指导作用微小。看来，要提升大学生就业竞争力首先要从学生的思想入手。只有从思想上解除学生在就业、择业过程中眼高手低的现状，才能从根本上解除提升大学生就业竞争力的各种束缚，才能从根本上提高大学生就业竞争力。

（二）加强大学生的职业规划

良好的职业生涯规划有助于提升大学生的就业竞争力。就业竞争力的要素具体包括思想品德素质、专业和非专业的理论知识，以及大学生在工作中表现出来的学习、表达、管理、实践、心理等综合能力。其中良好的道德品质是职业规划的核心，扎实的理论知识是基础，综合能力是关键。职业生涯规划可以引导每位大学生正确认识自己，客观审视自己。每位大学生都要思考自己想要从事什么行业，适合哪些行业，从事这些行业需要具备的能力素质，并努力提高自己在这些方面的能力，改善自己的不足，从而增强自己的就业竞争力。

结束语

经济飞速发展，教育的国际合作与交流、竞争和发展已经成为时代主流，我国高等院校应该顺应教育全球化的时代潮流，面向世界，面向未来，实施国际化办学策略，这个过程可能复杂而漫长，但是，只要所有师生齐心协力，一定会创造出教育界灿烂辉煌的明天。相信不久的将来，我国的高等教育不仅会实现国际化，而且会成为全球教育界的佼佼者。

参考文献：

[1] 宣华，郭大勇，周蕊，顾佩，罗念龙．国际化办学教学管理模式的探索与实践［J］．清华大学教育研究，2006（11）．

[2] 樊明武．纵谈国际化办学思路［J］．中国高等教育国际化研究，2013（3）．

[3] 闫明明．国际人才的胜任力分析——当代中国大学生的胜任力可能性分析［J］．大众商务，2010（8）．

[4] 国务院．关于进一步加强和改进大学生思想政治教育的意见（中发［2004］16号）［Z］．

[5] 钱伟．香港国际化办学特色分析［J］．浙江教育学院学报，2009（11）．

论高等教育国际化的必要性

李　萌[1]

摘　要　随着科技的不断发展，生活水平的不断提高，各个国家之间、各个区域之间的交流合作越来越多。在这种大环境下，高等教育国际化是世界经济全球化发展的必然趋势。作为一个交换生，本篇论文将从笔者自身的角度出发，阐述高等教育国际化的优点及给国家、学校和学生个人带来的影响，同时指出中外合作办学交流过程中存在的一些问题，并提出了一些建议。

关键词　中外合作办学；教育国际化；文化交融；优点；改善建议

引言

当下，经济全球化推动了国家之间资金、人力、商品、知识、服务、技术和信息等资源的跨国流动，使各个国家都可以更好地谋求发展。在这种情况下，教育的国际化，教学资源的补充、出国学习锻炼的意识、合作项目的补充等都是继续补充加强的。只有互相的接触才能使学生接受到各种类型的教育，接触他国的文化、风俗和信仰，一定程度上也促进了学生对祖国的热爱，学会维护自己民族的尊严。

一、国际化教育现状

中外合作办学项目目前有以下几种类型：

（1）1+2+1 分段教育：该合作项目的学生第一年在境内学习，打好基础，

---

[1] 作者简介：李萌（1991—），男，北京联合大学商务学院国际商务系工商管理（1002）班学生。

提高英语听、说、读、写能力。第二年和第三年在国外学习，感受外国文化，学分互认。最后一年返回国内大学完成学位课程的特色专业和学位论文及答辩。学生可获得中外双方颁发的学位证书。

(2) 2+2 分段教育。该合作项目的学生，前两年在境内学习，提高英语水平。后两年学生赴境外教育机构学习，双方相互承认学分，学生按要求完成学位课程的教学计划，完成学位论文及答辩，可获得中外双方颁发的学位证书。

(3) 4+1 分段教育。其一是国外教育机构承担 30% 的课程，选派其优秀教师、使用其教材来我国任教。学生在学习期间按要求完成学位课程教学计划，完成学位论文及答辩，可获得中方学位证书，外方写实性结业证书。其二是在境内上学四年进行大学本科的学习，境外上学一年去获取研究生的学位。

(4) 3+1 (+1) 分段教育。前三年在境内学习。第四年学生赴境外教育机构学习，完成学位论文及答辩，双方互相承认学分。学生可获得中外双方颁发的学位证书。

以上的教育如果成绩优秀，可直接赴合作方攻读高一级学位。

北京联合大学商务学院现在已有 2+2、3+1 等教学项目，并且也可以选择上完本科再去国外深造读研，给了学生更多的选择空间。学院也开展各种双语、全英语的教学课程，举办英语的补习，设立一些带薪出国的夏令营，组织在校的外籍学生和中国学生一起参加各类活动，开展英语的讲座与宣传等。

二、国际化教育的优缺点

(一) 优点

一个学校在迈向国际化的同时也让学校、老师和学生收获很多东西。

正如上文所说，在国际化的时候学校会自然地提高师资水平，也就自然地提高了对教学方面的投入。

学校引进外教对学生进行教学，提高了教学质量，扩展了教学内容，丰富了教学形式，拓宽了教学思路，同时更让学生接触到了外国的教师和外国的授课方法。

升级教学资源，提升硬件软件水平。在国际化的同时学校自身必然会加强资源建设，从硬件、软件上向着一个更高的目标发展。这对老师的教学环境、学生的学习环境都有很大的帮助。

引进了国外的先进理念与课程。要说学习礼仪、文化的方面，那中国必然是首当其冲。可是要说到近代的经济方面，那西方就绝对是数一数二的。我们在进行国际化的过程中，自然而然地接纳了西方的先进理念。

国际化带给老师与同学更多的选择，丰富了大学的校园生活。在迈向国际化的开始阶段，老师会辛苦地去联系学校，提升自身业务水平；学生也会有一段初期的迷茫，可是到了生长期和成熟期时，学校、老师便能提供给学生很多项目的选择，同学可以选择适合自己的内容，并且为了目标更加努力学习。同时学校能更为有利地进行一系列英语活动，例如，英语演讲、各类英语补习、英语讲座、用英语进行节日活动（例如圣诞节、万圣节等），从而形成一种良性循环，让大学生活丰富并且有趣。

国际化会让各国人们之间增进了解，增进友谊。让人们了解各国的文化与生活，从小处说，这会让人们更加友爱，人与人、国与国之间有着更深的友谊，更多的羁绊。往大处说，文化上的理解会帮助国与国之间和平相处，让人们真正学会尊重异国的文化、异国的历史和异国的生活方式。正如《联合国宪章》所言“在人们的心灵深处构建捍卫和平的屏障，是消灭战争的根本方法”。

最后，每一个学校所进行的教育国际化都是帮助我国的教育迈向世界、融入国际社会的重要基石。学校的国际化教育会把中国教育推向世界这个大的舞台上，让全世界的人可以更加客观、全面、多角度地了解中国教育，使中国的声音、形象和教育在国际教育大舞台上得到重视和赞誉！这些也会反作用于学校，使各个学校教育国际化的脚步更快、更稳健。

（二）缺点

任何事物都是具有两面性，国际化会带来这么多优点，它自然也存在着需要磨合与改进的地方。

把“国际化”作为招生手段。一些学校不考虑自身的条件与性质，盲目开设新专业与热门专业来吸引生源，而不考虑是否有能力让学生真的学到东西。这种做法使学生入校后没有专业的老师授课，没有可依赖的课本学习，并且脱离了基础与实践。

文凭管理不够严格。有些合作办学把目光放在经济利益上，存在乱发文凭的现象，对办学的质量和教学特色并不重视，使同学感觉出国只是为了买张文凭，给自己镀金而已，忽略了去锻炼、去学习的重要性，丧失了初衷。这是极其不好的现象，会让一部分学生动摇出国的信心，同时向社会传播了一种不良的信息、一种负能量。

出国对我们每个人的思想和能力也都是一种考验。中国目前处于社会主义初级阶段，经济发展过程中难免会出现很多矛盾。出国后我们更会听到形形色色的声音。有些是好的，有些则是有失偏颇的，有些会是有偏见的，甚至有些是故意诋毁、不怀好意的！所以作为中国的青年，我们要学会思考，要有自己的想法、自己的判断。

三、个人体验

大三上半学期笔者作为北京联合大学派出的交换生去台湾云林科技大学学习。

记得当时有不少人问我，在北京上大学上得好好的，怎么突然要去台湾了。我总结了三点理由：一是想感受外面的教育；二是想边玩边学，感受台湾的文化；三是想通过这次学习锻炼锻炼自己，把学习、旅行当作一种修行。我想这也是国际化教育的目的。

还记得刚下飞机时的那种陌生，还有对一个学期前景的迷茫，自己内心有些不安和些许担心。接着就是一个全新的环境需要适应，全新的校园需要熟悉，全新的宿舍需要打理，全新的同学需要接触了解，全新的和家人联系的方式。一切都是新的，而且与家人联系不上。我想这便是留学时对自己的锻炼，对独生子女的考验。任何事，我们能依靠的就是自己，不管多累，多紧张，我们需要自己扛，在这个过程中，我们就会慢慢长大。

云林科技大学是以实践、实用著称的学校，这里的老师给我留下了深刻的印象。在一学期的时间里，我从他们那里学到了很多。台湾的老师都非常热情、亲切，特别照顾我们这些从大陆来的学生，上课的时候对一些当地的物品会给我们特意详细解释，好让我们感同身受，更好地理解老师所讲的内容。其次这里的老师实践经验非常丰富。给我们授课的老师全部拥有在各类公司实际工作的经验，有些现在还依然在为学校做着专案策划，为学校赢取资金。他们上课时很注重与同学互动，有些老师的语言还很幽默，总能把书本知识转化成我们身边的例子，有时还引得我们阵阵发笑。同学也都有很好的自控能力。

通过以上的学习经历，我感受到了台湾的教育方式，了解了台湾的教育体系，感受到了当地人的热情。在学习中我也发现其中一些教育的优点，例如民主的选择。他们有的时候真的会因为投票数的平等或人们意见的不同而进行一次又一次的选举投票，直到大家真的有了一致的意见。同时我也发现了其中的一些弊端，如果把这种方式直接用到大陆，用到十多亿人的身上，可能很多事情就没法取得进展了。同时，我也看到了一些普遍性，例如，上课的状态、回答问题的积极性等。

我想从某种程度上讲，这就是一种辩证地看待问题的方式。作为交换生或留学生，我还会接触到很多类似这样的问题。我们需要有自己的想法，需要真的用大脑去想问题，去思考，这样才能有独到的见解，不人云亦云。

在台湾，人们都非常客气，非常有礼貌，“谢谢”是最常挂在嘴边的词汇，我觉得通过这次学习也让自己在性格上得到了磨炼，也让自己变得更懂礼貌了。

旅途是一种修行，而作为学生，在国际化教育的背景下进行旅行就更能感受到这个地区不同年龄不同职业的人的性格，从而感受当地的文化。我想这也是教育国际化带给我们的优势。

作为学生，我不仅可以接触到这里的老师，同时还可以了解这里的学生，他们大部分都是热情、友善的。我刚来的时候是我的学伴接待的我。他带着我办电话卡，买生活用品，介绍学校周边的环境，和我一起用餐，参加社团招新，帮我连接宿舍的网络，等等。初期我对这里的认识几乎都是通过他才熟悉的，我对他十分感谢。

教育国际化不仅使我们可以在异域学习课本知识，更让我们有机会以较低廉的价格去感受异域的风景，感受更多的文化，了解当地的一种生活态度。

在台湾这段时间我欣赏了很多地方的景色，感受了当地的文化习惯，也品尝了当地的各类美食，体验了当地的民俗。在不同的地方，我遇到了不同的人，了解他们不同的人生，这种感觉无法用语言形容。而且旅行的方式都是我和同学自行安排设计路线，然后安排行程，进行车票、包车的预订，民俗酒店的预订，游玩项目的选择，等等。回头想想，这些安排的过程、挑选的思路也真的是一笔财富。

四、改善建议

（1）修知识前，先修自身。提升每个交换生、留学生的个人素质。所有出国的人都不仅仅代表自己，更代表一个国家的形象。国家是我们强大的后盾，而我们也应该为国家争光，一些不文明、不礼貌的事情要从自身开始杜绝，让自己成为有素质、有能力、有修养的国际化人才。

（2）规范国际化教育。让同学们在境内大学有限的学习时间里可以更好地学习知识，从而与国外的学习进行衔接。对课程的安排也可以参考国外的教育，取其精华，去其糟粕，选择好的方式采用。

（3）明确国际化目标。只有从孩子和家长切身利益出发的标准才是有生命力的，唯有以百姓愿望为本的标准才是最真实的。能不能增加教育供给，能不能给孩子提供更多的优质教育服务，能不能将孩子培养成市场所需的人才，能不能使孩子成为生产力的推动者，能不能使孩子成为遵守法制的公民，能不能使孩子成为创造知识利用资源的高手，能不能让孩子今后有出息，今后成为对国家有用的人才……把这些作为一种思想上的目标，我们会事半功倍。

总结

以民族或国家为基本单位的教育体系如今正在跨越民族文化和国家的边界而日益联成一体，相互的交流与合作几乎成为一个国家教育健康发展所必不可少的条件。与其不敢接受新的失误，不如勇敢地摸着石头过河，探索属于我们自己的道路，顺应时代的发展。

我们每个人都应该正视教育的国际化，勇敢地做出选择，让自己接受锻炼和考验，把这学业的旅途当作一种修行，在路上，在异国，在他乡，提升自己的能力，考验自己的毅力，感受他国的文化，了解他国人们的生活习惯，尊重异国文化，做到人与人之间的真正理解！

参考文献：

[1] 阮艳花，刘英，窦敏．我国高校国际化办学问题分析［J］．中国科技博览，2013：14.

[2] 王俊，王可．高职教育国际化办学管理中存在的问题与对策［J］．人力资源管理（学术版），2009（9）.

[3] 黄玉丽，赵亚平．面向首都 CBD 需求　培养高素质应用型国际化商务人才［J］．北京教育（高教版），2012（Z1）.

国际化背景下经管类院校人才培养新途径的研究

李依丽[1]

摘　要　随着经济全球化的扩展和深化，复合型、创新型国际化人才的需求更加旺盛，而我国的人才现状在短期内远不能满足这一需求，这就要求高校在培养人才方面探索国际化人才培养新途径。本文从教育国际化的视角、结合国际化人才培养的实践，对国际化人才培养途径进行总结，从培养方式等角度论述国际化人才培养的一般做法，研究我国经管类院校国际化人才培养之路。

关键词　国际化人才；人才培养；新途径；全球化；经管院校

引言

当前国际竞争的实质是人才的竞争。随着全球化时代的到来，逐渐形成了全方位的、开放的高等教育环境。在国际化的大背景下，我国高等教育必须与国际接轨，培养具有全球视野和国际竞争力的应用性创新型人才。因此，我国各高校对人才的培养就显得尤为重要。如何培养大批具备国际意识、国际知识和国际交往能力的国际化人才成为高校面临的主要问题。如何培养和造就一支高素质国际化人才队伍，进一步提升我国参与国际市场竞争的能力，是一个值得深入思考和探索的重大课题。高校作为人才培养的摇篮，必须适应“全球化”和“国际化”的趋势，加快培养国际化人才的步伐。

[1] 作者简介：李依丽（1993—），女，北京联合大学商务学院国际商务系财务（1101）班学生。

一、国际化人才的概念以及需要具备的能力与素质

人既尽其才，则百事俱举；百事举矣，则富强不足谋也。随着经济全球化的不断扩展，国际化人才成为推动经济发展的核心动力，那么什么才是真正意义上的国际化人才呢?

（一）国际化人才的定义

国际化人才是一种素质表现，是指具有国际化视野、通晓国际惯例与规则、熟悉本专业的国际化知识、具有较强的创新能力和跨文化沟通能力的人才。

（二）国际化人才的竞争能力和素质教养

随着时代的发展需求，国际化的人才往往需要多方面的技能，总体来说主要包含7个方面：（1）具备宽广的国际化视野和强烈的创新意识；（2）熟悉并掌握国际惯例和相关法律法规；（3）熟悉并掌握所学专业的国际化知识和理论；（4）具备较强的跨文化沟通和协调能力；（5）具备较强地运用和处理信息的能力；（6）具备独立参与国际活动的能力；（7）具备良好的政治思想素质和健康的心理人格素养。在当今国际多元化的背景下，大学生应该努力抵御多元文化的冲击，做保持本民族的人格和国格的国际化人才。

要成为一名符合时代需要的国际化人才，首先最根本的是要具备开放的心态和全球化视野。只有心态开放的人才能更好地把握住时代和社会提供的机会。其次要具备国际化的沟通、生存和发展的能力。这主要有三种能力：一是跨语言的沟通能力；二是跨文化的生存能力；三是跨学科的创造能力。

二、经管类院校人才培养中存在的问题及原因解析

目前经管类院校人才培养在取得巨大成就的同时也存在许多问题与不足。

（一）国际化教育理念薄弱

教育国际化是我国高校发展的必然趋势。如果经管类院校要发展，自然要走国际化路线，首先要改变陈旧的教育观念。这里所说的转变观念不仅只要求学校领导具有国际化的教育理念，更是要求学校所有教师和学生都应该具备国际化竞争意识及竞争能力。经管类院校领导对教育国际化要予以高度重视，可出台相关

政策鼓励教师自身转变观念。目前大多数经管类院校教师偏重于知识的传授和应试技巧的训练，教学显得过于系统化、教条化，忽视获取新知识的能力，与国际脱轨。

（二）专业课程设置不尽合理

目前经管类院校基本采用专业为核心的三段式培养计划，即基础课、专业基础课和专业课。这种培养模式的突出特点是：强调基础课程和通识课的教育，共性课程多，实践训练少，缺乏灵活性，导致学生创新能力和适应能力较差。在课程设置上，由于忽略社会对经管类人才的需求特征，课程体系设计缺乏规范性和前瞻性，存在课程内容交叉重复、课时过多与课堂信息量小并存、选修课少等显著缺陷。

（三）缺乏强有力的师资队伍

师资质量有待提高，师资队伍要不断壮大才能有效保证经管类院校的快速发展。目前在我国大多数经管类院校中，教师明显缺乏国际化眼光，这也是大多数高校都存在的问题。在有限的师资队伍中，教师身担数职，分身乏术，很少花时间去思考教研、人才培养服务等相关问题，这就导致了经管类院校在人才能力培养上的欠缺。另外有限的经费也是师资力量薄弱的重要原因，由于经费有限，大量教师缺乏国外学习经验，缺少交流合作，无法与当今先进前沿的教育理念接轨，经费有限甚至导致教师无法参加学术交流，无法提高自身综合素质，最后是各高校教师人数有限，教学质量不高，教师缺额更严重，教学工作量过于繁重，没有多余的时间和精力开展教学研究和知识更新，也很少有时间精心设计课程教学及辅导学生，导致教学质量下降。

（四）教学方法比较陈旧

教学方法陈旧、老套是经管类院校存在的一个大问题。课堂上“你讲我听”，缺乏互动，教师难以了解学生对问题的理解程度，教学效果不佳；课程基本上为文字描述，学生自己可以通读整本书的内容。但是，文字背后的实际内涵，学生则无法掌握，也缺乏主动性去学习了解。因此，教师在授课过程中，应主动与学生进行互动，激发学生的学习兴趣，培养学生主动学习的能力。

三、如何培养符合时代需要的国际化人才

培养国际化人才是建设国际化大都市的基础和关键。能否培养出具有全球意识和国际视野的国际化人才，也是衡量一所大学国际竞争力和社会贡献强弱的重要标志，也是在全球化时代增强大学国际竞争力的必然选择。

（一）以国际化的教育理念为导向

要培养出国际化人才首先要具有国际化的教育理念，树立更加开放的教育观，从全球化的视角看待人才培养问题。世界上很多国家很早就认识到高等教育发展必须要有国际化视野，要塑造国际化的教育理念。现代化的高等教育国际化理念要求一个国家的教育转向开放，深化学校内部管理体制改革，更新教学内容，改进教学方法，运用先进教育技术手段，提升学校社会服务水平，树立竞争理念，以特色取胜。在考察一所高校是否形成自己的办学特色时，关键看它是否具有合适的人才培养目标、个性化的人才培养方式和显著的人才培养效果。

（二）创新教学模式

走出校门，采用校际合作，甚至校企合作的方法，使得校际合作、跨校选课的教学模式得以实现，学生可以利用不同学校的教学资源优势，自由选课，修得学分。聘请相关行业的技术专家、企业管理人员等进课堂，参与到实务、实践、模拟等课程的教学中，使学生有机会了解业务流程、行业规则及发展动向等书本无法传授的经验和知识，将来尽早地适应、投入新的工作环境。

（三）优化课程体系设置

为培养国际化人才“专业精”、“外语强”、“懂管理”、“善交流”的基本能力，课程体系设置方面必须突出如下特点：

在课程设置上要以学校核心专业课程设置为主，通过精选并整合模块化专业课程，同时要充分考虑到企业对人才的需求，新增国际化需求的特色课程。例如，与企业生产实际相关的新知识、新技术、新工艺、新设备等教学内容；同时，坚持使用英文原版教材，双语授课，课时量不少于50%

在设置课程时，应着眼于学生的听、说、读、写、译五方面的能力。在大学的一、二年级可开设口语课、英语视听说、在线写作等课程，到了大三、大四，可以开设商务英语写作、英语翻译、口语等方向的课程；另外，还可根据企业需

求，建立和实施小语种教学课程。在传授外语知识的同时，适时导入异域文化，提高学生的跨文化交际能力也十分必要。因为在不同民族文化背景下的商贸活动所涉及的不仅仅是语言的沟通问题，更重要的是跨文化交际问题。因此，在选修的设置上，可以包含一些跨文化英语口语、中外文学鉴赏等内容。市场经济实质上是在法律规范下的经济，这就要求培养的国际化人才要懂得必要的经济法规和现行政策。因此，在课程设置上应包括国际商法、国际贸易等课程。

（四）积极开展国际合作与交流

人才培养国际化的一个重要手段就是人员的国际交流。对于高等学校来说，包括教师和学生的国际交流。

1. 教师的国际交流

只有建立一支具有国际知识和经验以及国际交往能力的高素质教师队伍，高等教育整体的学术水平和教学质量才有可能在国际化进程中到进一步提升。一方面，高等院校可派骨干教师出国（出境）进修、做访问学者以及培训学习等多种方式，开展学术交流与合作。另一方面，可向全球征聘教师和学者，推动教师队伍向高端化、团队化、国际化、职业化发展，促进教师队伍发展方式由数量效益型向结构素质型转变。

2. 学生的国际交流

现代的科技文化交流是一种双向交流，要培养出国际型人才，就必须派学生到国外合作院校去学习交流，只有通过长期的学习交流才能够真正深入地理解外国的文化。这种双向的交流不仅体现在积极选派留学生出国留学，同时也积极吸引留学生到本国留学。经管类院校可以与国外高校进行“3+1”双学位合作办学，选派交换生到国外学校进行交流学习，选派学生到国外院校进行暑期实践等。

从上述分析中，可以得出如下结论：

全球化背景下，人才培养的最终目标是培养大批能够在经济全球化环境中生存和发展，能够在激烈的全球竞争中脱颖而出的国际化人才。而高校在国际化人才培养上有着至关重要的作用。因此，作为国际化背景下的办学主体的高等学校要勇于参与国际合作与竞争，充分考虑高等教育国际化条件下的新特点及社会需求情况，努力构建一个培养国际化人才的环境和平台，真正实现21世纪中国高等教育“面向现代化”、“面向世界”、“面向未来”的目标。

参考文献：

[1] 曹永刚．游学胜读万卷书 开放人生迎大同——王辉耀先生谈如何成为真正的国际化人才［J］．人力资源，2010（5）．

[2] 张化新，梁瑜霞，高萍．国际化大都市背景下的国际化人才培养［J］．西北大学学报，2012（6）．

[3] 孙建光，余洪红．国际化人才培养与大学英语师资队伍的建设［J］．语文学刊，2012（21）．

[4] 韩涌．国际化人才培养模式浅析［J］．中国外资，2012（22）．

[5] 沈燕．如何培养时代需要的应用型外语人才［J］．中国成人教育，2013（4）．

[6] 陈彦辉．美国人文类通识教育对经管类院校国际化人才培养启迪［J］．继续教育研究，2013（3）．

国际化背景下提高大学生就业胜任力研究

李　悦[1]

摘　要　当今世界各国综合国力的竞争是经济实力的竞争、科技的竞争，归根到底是人才的竞争。拥有了人才，国家就能走向辉煌和繁荣。现如今，为适应21世纪经济全球化和科技革命的挑战以及中国高等教育体系的不断完善，我国高等院校必须培养出更多“面向现代化、面向世界、面向未来”且具有国际竞争力的人才。在国际化迅速发展的背景下，本文通过对比大学生自身能力和人才市场需求之间的差距，指出当代大学生胜任力不足的原因并探讨相关的解决途径。

关键词　国际竞争力；就业胜任力；大学生

一、就业胜任力是高校大学生实现成功就业的根本保障

当今是一个经济全球化的时代，这就要求大学生具有国际竞争力和就业胜任力，其中就业胜任力是大学生实现成功就业的根本保障，而国际竞争力则是大学生与他人公平竞争最重要的筹码。

“胜任力”这个概念最早由哈佛大学教授戴维·麦克利兰（David McClelland）于1973年正式提出，是指能将某一工作中有卓越成就者与普通者区分开来的个人深层次特征，它可以是动机、特质、自我形象、态度或价值观、某领域知识、认知或行为技能等任何可以被可靠测量或计数的并且能显著区分优秀与一般绩效的个体特征。

大学生的就业胜任力是其专业知识、能力以及性格、态度、自我形象和价值

---

[1] 作者简介：李悦（1994—），女，北京联合大学商务学院国际商务系财务（1201）班学生。

观等方面的综合外在表现，它可以向企业展现大学生良好的实力水平、职场价值和综合素质。对正处于求职应聘过程中的大学毕业生来说，在日益激烈的人才求职竞争中，自我推销技巧与方法、个人简历的丰富度都可以模仿甚至是复制，但唯独个人的就业胜任力既不能模仿也无法复制。

国际竞争力是一个优秀大学生的关键性标志，是大学生顺利走向职场的助推器。借助它，大学生可以向用人单位彰显自己的良好素质、态度、能力、形象和价值，展示自己的核心竞争力。

一个拥有良好就业胜任力和国际竞争力的大学生时时刻刻都在向用人单位暗示和证明："我是最棒的，我有专业素质、有工作能力、有良好态度、有应聘岗位所要求的特质，并且有潜力、有成长空间。""我是你们最合适的人选!"有着优秀品质的人自然会引起用人单位的关注，进而吸引招聘官的眼球，赢得他们的认可和接纳。

由此可见，这两种能力是大学生职场价值的显现，是大学生实现成功就业的根本保障。不仅如此，它们还会影响大学生未来的一生，它们可以不断提高大学生的职业价值，改善大学生的职场形象，为大学生营造良好的职业氛围，帮助他们在日后的职业发展道路上不断前行。因此，大学生要想成功踏入职场并在日后有所作为，就必须致力于自身就业胜任力和国际竞争力的打造和提升。

二、人才需求水平与大学生就业能力的差距

当今社会快速发展，越来越多的用人单位开始注重实际工作经验，这一标准使得许多毕业生被企业拒之门外。与此同时，高职生的就业率却逐年上升，这更加说明了企业需要的是真正有技能、干实事的人，而不是满脑子只有理论的"书呆子"。

我们将视觉转移到大学生身上，不难发现有相当一部分的大学生"高分低能"，除了学习，什么也不会。这也是用人单位弃大学生转而用高职生的原因之一。当然了，不能以偏概全。在众多大学生中，还是有相当一部分的大学生理论与实践兼备，但是往往眼界过高，这也使得用人单位对大学生更加反感。

大学生就业难已成为不争的事实。从表面上看，由于近几年来高校持续不断地扩招，大学生在宏观上供过于求，用人单位选择面日益广泛，在一定程度上导致大学生整体就业形势不乐观，而当前国际金融危机的蔓延，就业岗位锐减，求

职竞争日趋激烈，更是使大学生就业雪上加霜。从深层次来看，大学生自身胜任力不足也是造成大学生就业困难的一个重要因素。

目前，国家推出了各种措施来帮助大学生就业和自主创业，但这仅仅是治标却不能治本。更重要的还是要大学生行动起来，立足自身，从提升自身国际竞争力和就业胜任力方面着手突破。

三、就业胜任力、国际竞争力的不足——制约大学生就业的重要原因

（一）专业基础知识薄弱

最最严重的问题就是大学生专业基础知识不够扎实，工作技能欠缺，难以满足用人单位的岗位要求。许多用人单位表示他们在面试大学生时，发现许多大学生随机应变和临场发挥的能力十分不足，不能准确快速地完成用人单位所布置的任务。要知道一旦大学生进入工作岗位后，不能很快与实际具体的工作相适应的话，会给企业带来很大的损失。此外，用人单位还发现许多大学生存在着合作性不强、吃苦耐劳不够、沟通和实际学习能力不强的特点。这也是为什么企业一直招不到人，而大学生又找不到工作的真正原因吧。

（二）自我定位不准确

大学生普遍缺乏准确的自我定位以及符合相应职业的职业形象。原因在于大学生们常常以自我感觉为出发点，盲目地认为自己所表现出来的就是用人单位所需要的，殊不知从进入大学开始，大学生的身份便慢慢从校园人转变为社会人，但是大部分大学生似乎不能很好地适应这样的身份转换。他们经常考虑的是“我愿意从事什么样的职业”或是“我想干什么”，这就造成了许多大学生无法顺利就业。因为他们并不了解社会和用人单位真正需要的是什么，很少从社会和企业的角度去思考，不能正确全面地审视自己，总是把自己的能力想得过高，认为自己实力很强，于是向企业要求很高的薪酬，使用人单位更为反感。

还有相当一部分大学生，在校积极参与各种社会实践活动，能力也不弱，但是却不能将自己的经历和自己所具有的能力向用人单位充分展现，对于自身所具有的独特优势和潜力并不了解。对社会角色的不关注和自我不清晰的定位，容易造成对自身在社会中的定位不明确。

大学生不能根据自身情况详细地分析出自己确切的人格特质，尤其是自身的优势、劣势，导致大学生难于与社会接轨，容易与机会失之交臂。

（三）相关工作的实际能力不显著

承担社会工作后，需要大学生具有与其工作相关的实际能力和特质。但是很多学生在进入大学后并没有在这方面进行系统的学习，而是被动地接受学校所安排的课程，这样的后果就是大学生缺乏必要的社会实践锻炼，他们的沟通能力、社会活动能力以及独立解决问题的能力也得不到充分的锻炼。

（四）创新创业能力不成熟

大多数大学生考上大学的初衷就是顺利毕业，然后找到跟自己专业对口的工作。很少有人考虑去创业，其一大学生普遍没有接受过正规的创业培训，其本身的创业技能和相关的创新能力有所欠缺，这也是大学生自主创业成功率十分低的原因；其二，即便大学生决定毕业后创业，也有可能因为资金、人脉等问题半途而废。

四、提高大学生两种能力的具体方法

（一）夯实专业基础知识和实际应用能力

专业基础知识是每个大学生在大学期间都会接触到的内容，而这恰恰又是用人单位在衡量一个大学生对某项工作的胜任力时最先要考察的项目。对用人单位来说，仅仅拥有扎实的专业基础知识是远远不够的。再扎实的专业基础知识，如果没有与之对应的实际应用能力，也是不行的。简而言之，用人单位需要的是既具有扎实专业理论知识又具有很强的专业素质和实际应用能力的人，尤其是后者，在当今市场竞争日益激烈的情况下更是用人单位看重的地方。

据调查，许多用人单位对有社会实践以及实习经历的学生分外青睐，原因在于用人单位认为有实习或是社会实践经验的学生真正做到了将理论与实践完美结合，在此过程中学生学会了与人合作，同时增强自身才干，并且锻炼了实际工作能力，这些素质恰恰是用人单位所需要的。也就是说，相比较而言，用人单位更倾向于选择在这些方面有经验的大学生，这样可以减少对新职员培训的支出，为公司节约了相当一部分成本，而且更利于公司获取更大的利益。

因此，大学生在校期间一方面需要掌握扎实的基础知识，夯实专业基础知识；另一方面还需要补上社会实践这一课，抓住一切可能的机会将所学知识用于实践，参加相关活动以锻炼和提高自己实际应用知识的能力。

（二）增强英语水平

为适应21世纪经济全球化和科技革命的挑战以及成为“面向现代化、面向世界、面向未来”的具有国际竞争力的人才，良好的外语能力尤其重要。

大学生一般对英语成绩十分重视，这也与中国日益和国际接轨分不开，现今对外交流的普遍性对我国大学生的英语水平要求越来越高，提高英语听说读写能力迫在眉睫。当然，增强英语水平的途径有很多，英语课、图书馆藏书、与在校留学生交流、积极参与学校英语社团举办的各项活动等，都可以提高大学生的英语水平。

（三）提高思想道德水平

现在许多企业特别青睐具有良好工作态度、任劳任怨、吃苦耐劳并且拥有奉献精神的大学生，企业认为只有拥有这些品质的大学生才能源源不断地为公司创造价值。

在大学期间，大学生应多承担社会工作，积极参加校园活动、做志愿服务和社会实践、为老师分忧解难等，只有这样，才能培养换位思考，学会理解、学会做人，在帮助别人的同时，增强自己的社会责任意识，培养吃苦耐劳的品质，锻炼自身快速高效解决问题的能力，以便以后在日益激烈的人才竞争中赢得企业的目光，成功就职。

（四）了解自身，准确定位

所谓的准确定位，就是要正确公正地评价自身，清楚了解自身的优势、劣势，并且把他们充分展现出来，让用人单位清楚地看到。与此同时，大学生也要明确知道企业需要什么样的人，他们更倾向于拥有哪种品质的职员，自己与他们心目中优秀职员的差距又在哪里，自己和其他的竞争者相比优势是什么、劣势又是什么，在此基础上再结合企业的实际情况和应聘岗位的具体要求做出相应的谋划，如此就可以事半功倍。

（五）培养创业精神和能力

在当今就业严峻的情况下，自主创业无疑是一条很好的出路。

要想成功地创业，第一，在大学四年的时间里借助图书馆、讲座等相关途径掌握有关创业的理论和技巧，与此同时，学会客观冷静而且全面地思考问题，养成良好的抗压心理。

第二，在大学期间，有很多创业实践活动，如大学生创业大赛等，借助参加比赛来积累相关的经营能力、综合应用能力和与客户打交道的能力。

第三，是要积极参与创新研究和创新实践活动，提高自身的创新能力。创业与创新是密不可分的，拥有创新能力、能够创造性解决问题是大学生进行创业的前提条件。

第四，最最重要的就是要主动寻求相关专家的指导和帮助，与成功的创业人士进行沟通和交流，以便汲取好的、成功的经验。这样做，才能大大提升大学生自身的创业精神和创新能力。

从上述分析中可以看出，当代大学生的就业胜任力还远远达不到企业的需求，而大学生所展现出的国际竞争力也远远满足不了企业的需要。正因如此，才会有企业高喊人才难求，而大学生却声称找不到工作的现状。

当今社会越来越国际化，而且复杂多变，充斥着各种各样的人和事，充满了各种各样未知的因素，为了让自己立足社会，提升自身的就业胜任力和国际竞争力十分必要。大学生要善于利用课余时间努力充实自己、汲取书本以外的营养，努力使自己具备适应社会需要的素质。

参考文献：

[1] SPENCER L. M，Competence at Work；Models for Superior Performance [M]. New York，John WileySons. Inc，1993.

[2] 闫明明．国际人才的胜任力分析——当代中国大学生的胜任力可能性分析 [J]. 大众商务，2010 (8).

[3] 百度百科搜索：http：//baike. baidu. com/view/121872. htm.

[4] 百度文库搜索：国家关于大学生就业政策汇总．http：//wenku. baidu. com/view/cc57e9f7ba0d4a7302763abd. html.

[5] 张扬，应若平．中国高校毕业生就业问题研究 [J]. 湖南农业大学学报（社会科学版），2005 (5).

[6] 韩秀景．基于胜任力的大学生就业研究 [J] 黑龙江高教研究，2009 (10).

[7] 国务院．关于进一步加强和改进大学生思想政治教育的意见（中发 [2004] 16 号）[Z].

[8] LOSEY M. R. Mastering the Competencies of HR Management [J]. Human Resource Management，1999 (2).

中国学生留学韩国决策分析

李　昭[1]

摘　要　近年来，韩国政府、各大学齐心协力致力于发展留学生教育，试图将韩国打造成一个国际教育强国。韩国政府的努力已经取得非常惊人的成就，韩国虽然发展留学生教育较晚，但速度却非常惊人，特别是中国留学生的增势显著，在韩国的中国留学生人数在外国留学生中占第一位。但在韩中国留学生人数激增的同时也面临很多难以克服的障碍，本文通过对中国留学生选择韩国留学的决策原因分析，思索其中的问题，并尝试给出合理建议。

关键词　韩国；中国留学生；决策

近年来，随着中韩两国间文化及商贸活动日益深入地发展，中国人对韩国有了进一步的了解。而韩国音乐、影视等作品的流入，促成了许多青年学习韩国文化的热潮，赴韩留学也成为一种新的时尚。作为海外留学的新路线，赴韩国留学对中国学生来说具有独特的魅力。

两国隔海相邻，韩国的消费和国内特大型城市相似，文化、民俗和中国一脉传承。但韩国在许多领域又具备了世界发达国家的水平，所以说留学韩国是中西文化、科技的完美结合。相对遥远的美洲、欧洲，留学韩国的中国学生只需付出十分之一的费用，学成毕业后的就业前景更为广阔。因此，赴韩国留学是中国学生的最佳选择之一。

笔者曾经在韩国交换学习了半年，对在韩国留学的中国学生进行了观察和调研，发现中国留学生在进行留学国家选择时存在一定的决策影响因素。因此，分析这些留学生决策的影响因素可以促进韩国改进留学政策，营造开放、包容、多元、共赢、以人为本的留学文化氛围，改革和完善留学生教育管理和

[1] 作者简介：李昭（1992—），女，北京联合大学商务学院国际商务系商务（1001）班学生。

服务体系，指导在韩留学生进行科学理性的选择决策显得尤为迫切。本文首先分析在韩中国留学生的现状，然后结合韩国国情和中国学生自身情况来分析中国青年学生选择韩国作为留学目的国的决策因素，最后结合相应留学韩国误区给出建议。

一、在韩中国留学生现状

中韩建交以后中国留学生急速增加，以韩国教育部 2011 年 4 月的统计资料为基准，韩国已经成为拥有中国留学生最多的国家。2011 年，有来自全世界 160 多个国家和地区的学生在韩国学习，人数最多的前六个国家和地区分别为中国、日本、蒙古、美国、越南、中国台湾，约占留学生总数的 82. 7%，而中国则占了 66. 2%。需要强调的是，在这些国家中，日本和美国等国籍的学生增长趋势均经历了一个起伏过程，只有中国留学生人数一直保持猛增势头。

表 1　2011 年在韩留学生数的国别分布表

国家（地区）	学生数（名）	比例（%）
中国	59 317	66. 2
日本	4 520	5. 0
蒙古	3 699	4. 1
美国	2 707	3. 0
越南	2 325	2. 6
中国台湾	1 574	1. 8
其他	15 395	17. 2
合计	89 537	99. 9

中国留学生到韩国留学的形式主要分为：自费留学、韩国大学邀请、韩国政府邀请、外国政府派遣及其他（包括交换留学生）。在各种留学形式当中，自费留学占的比重最大，约为 84. 1%（见表 2）。

表 2　在韩中国留学生的留学形式分布表

留学形式	学生数（名）	比例（%）
自费留学	75 325	84. 1
大学邀请	8 504	9. 5
韩国政府邀请	2 513	2. 8
外国政府派遣	573	0. 6
其他（交换学生等）	2 622	2. 9
合计	89 537	99. 9

从学习层次看，2011 年，在读的中国留学生中有 49. 9% 的人攻读本（专）科，语言研修和其他研修人员分别占 20. 6% 和 8. 3%，而攻读研究生学位的人员（包括硕士和博士）共占 21. 1%（见表 3），仅次于攻读本（专）科课程的留学生。

表 3　在韩中国留学生的留学类型分布表

类型	学生数（名）	比例（%）
本（专）科	44 641	49. 9
语言研修	18 424	20. 6
研究生	19 012	21. 1
其他研修	7 460	8. 3
合计	89 537	99. 9

二、中国青年学生留学韩国决策原因分析

中国青年留学生选择韩国作为留学目的国存在两方面的影响因素：韩国国情与学生自身角度。只有深入分析这两方面的原因，才能更好地让中国的青年留学生做出理性的决策。

（一）韩国国情

韩国国情作为中国留学生选择韩国作为留学目的国的决策因素之一，对青年

留学生来说影响力可见一斑，尤其是近年来韩国政府各大学齐心协力致力于发展留学生教育，试图将韩国打造成一个国际教育强国。如今韩国政府的努力已经取得非常惊人的成就，韩国虽然发展留学生教育较晚，但速度却非常惊人，特别是中国留学生的增势显目。所以从韩国国情的角度分析中国留学生留学韩国的影响因素的重要性不言而喻。

1. 教育体系优势

韩国政府十分重视教育事业，每年对教育的投入占国家财政总收入的4.5%，在世界领先，在亚洲最高，其高等教育质量堪称亚洲一流，许多大学在亚洲排名都位居前列。这些大学培养的毕业生，为韩国经济、科技持久的高速发展提供了源源不断的人才支撑。韩国大学学制灵活，80%的大学为私立大学。韩国一些大企业和财团都有独资兴办企业院校甚至研究生院的文化传统。每年保质保量地为本企业输送大批建设与开发人才。大宇、三星企业集团每年用于培养人才的经费高达6000多万美元，人均投资相当于美国、西欧等大中企业的2倍。企业着力引进世界先进科学技术，培养自己的科技人才，不仅把教育作为培养人才、发展科技和经济的重要手段，也把教育作为改变人生、实现自我价值的最基本条件。为了推行国际化的教育体系，韩国政府近些年开始放开留学生政策，倡导每所大学里要有10%的外国留学生，并对外国留学生施行了很多优惠政策。目前，韩国大学约有6700名中国留学生，对计划赴韩留学的中国学生来说，尚有很大的空间。

2. 留学环境优势

随着社会结构、人口结构的发展变化和持续多年的高额投入，韩国目前已出现了教育资源过剩的状况，特别是两年制的专业技术大学，普遍面临生源短缺、校舍设施闲置的窘境，迫切需要通过国际合作走出困境。从2004年年初起，韩国政府为加大吸引中国留学生的力度，积极调整留学生政策，对中国全面开放各类大学，并许诺对于招收中国留学生工作做得好的大学，政府将从经济上给予资助。韩国有近400所大学，政府提倡各大学实行国际化办学，外国留学生要达到在校学生总额的10%，规模为5万人左右。而目前在韩国各大学就读的尚不足16000人（其中中国留学生约7000人），其中大部是公派互换，一部分是朝鲜族留学生，而自费留学的汉族学生数量极少。由于历史渊源等多种因素，同全世界任何有中国留学生的国家相比，韩国对中国留学生来说都是最安全和最友好的，决不用担心受到歧视、排斥和伤害。为了实现教育国际化，从 2013 年起，韩国教育人力资源部正式启动实施庞大的“留学韩国”计划。根据计划，教育人力资源部将扩大面向外国学生的政府奖学金计划，这项计划的基础是韩国政府、大学和公司之间的合作，公司将提出它们对外国人力资源的需求，提供实习单位并保证外国留学生毕业后的就业。与“留学韩国计划”同步，韩国政府准备激励海外外交系统，把对落实执行该计划情况和吸引外国留学学生的能力，作为对韩国驻外使节的一项重要考核内容。在这一计划的激励下，韩国各大学将以前所未有的热情，全方位开拓中国留学生市场。

3. 先进实用的专业技术

韩国经济发达，很多领域已处于世界领先地位，其教育水准、文凭含金量很高。韩国两年制专科技术大学的师资普遍雄厚，教育理念先进，专业设置灵活现代，主要在模拟现场教授学生就业工作所必须掌握拥有的现代实用技术，最适合以就业为目标的中国留学生。韩国驻华大使馆教育处向准备留学韩国的申请者推荐了留学韩国的若干个热门专业。这些专业包括：互联网自动化系、网络商务学系、多媒体传播系、汽车电子系等。互联网自动化专业包含网页制作、网络管理、PC 通信以及网络动画设计领域、程序开发等；网络商务学专业是在变化丰富的互联网时代产生的，主要是分析网络商务的技术和市场要素，培养开发网络商务的高级人才，同时通过在虚拟空间中的商务往来进行网络商务技术的研究；多媒体传播系为信息通信领域、通信软件开发企业与影像声音信息技术开发相关的企业及研究院，给予网络以及通信网相关的企业培养人才；韩国的汽车电子行业处于世界领先地位，汽车自动化、汽车导航等都需要电子支持，而汽车电子在我国还较为落后；还有汽车成型设计和汽车材料专业。目前，我国通过计算机设计汽车的技术非常薄弱，精通者更是稀缺。此外，韩国的美容技艺、土木工程、酒店观光和市场销售等专业也十分先进，所培养出的专业人才不仅在中国短缺，在韩国的就业领域也相当广阔。

4. 入学标准低

韩国的教育体制采用宽进严出的政策，在中国接受过 12 年教育，也就是说，只要是高中或中专、职高毕业的学生，不需要高考成绩就可以申请韩国的大学。外国留学生进入韩国大学，只需要通过韩国语能力测试（KPT）的 4 级认证和大学的面试。选择韩国的名校时则应该达到韩国语 5 级水平，同时，如果你是四年制的本科学生，中途打算去韩国留学，那么你在国内修完的学分，到韩国是能得到承认的，可以继续修读剩余的学分。

韩国语语言研究院、韩国国际教育振兴院以及48所四年制大学、13所专门大学开设有韩语语言学院，为国际学生提供韩语研修课程。国际学生可以在提供语言研修课程的学校继续攻读本科、专科，也可以在学完语言研修课程后到没有语言学院的高校继续深造。一般在韩国经过一年的语言学习，85%的学生能够达到大学的入学要求。

5. 申请手续简单

申请韩国留学，担保金较低，相对于欧美国家动辄几十万的高资金担保，韩国法务部要求只需要有一万美元的半年期存款证明，这就更容易被大多数工薪家庭所接受。同时申请韩国留学的材料简单，手续快捷，学生可以在很短的时间内赴韩国留学，而不用担心会耽误时间。

目前，留学韩国的学生获得的签证类型多为C3和D4两种，少数学校会发放D2签证，C3签证近期由于快捷便利的申请得到大部分学校的认可。学生到了韩国之后，只要出勤率达到90%以上均可顺利换得D4签证。在申请签证时，学生的材料如果齐全和真实，且学校已经发放录取通知书，一般都能得到签证发放。

6. 低廉的留学费用

留学韩国的费用，根据学生所去的地区和学校不同，有着较大的差异。一般来说，每年的学费、住宿费和生活费加起来在5万—6万人民币（首尔地区略高，大约8万—10万元）。与此同时，为了吸引优秀的中国学生前来就读，各大学均推出了多种多样的丰厚奖学金，以减免的形式发给大家，部分学院还为攻读硕士以上课程的中国学生提供100%的奖学金。如果说到欧美国家一年需要20万元左右的留学费用的话，那么这个数额是完成在韩国4年本科的全部费用。

具体地说，韩国大学的学费根据学校和专业的不同而异。韩国大学分为国立、公立和私立三种。国立和公立大学的办学经费分别来自国家财政和地方财政的支持。国立大学的学费相对较为便宜，一般本科生一年的学费在2万元人民币左右，研究生一年学费大约2.5万元人民币。国立大学的宿舍费用也很便宜，如果在学校用餐，他们对国际学生打包优惠，不算假期，一年食宿费用为1.2万元人民币。私立大学一般本科生一年学费约为4万元人民币左右，研究生为5万元。但是私立大学中有许多学校为外国留学生提供30%—50%的奖学金，如果能得到50%的奖学金，就与国立大学的学费相差不大了。公立大学的学费介于国立大学与私立大学之间。就专业而言，无论是就读私立大学还是国立、公立大学，医科和艺术类专业的学费往往要比其他专业高出20%。

与其他国家相比，打工问题到了韩国就不是问题。韩国对留学生打工没有限制，可以长期打工，也可以短期打工。一般的留学生随着语言的不断加强，从餐馆、超市的服务生到与专业相关的工作，打工的层次和收入会逐渐提高。韩国大学每年有5个月的假期，假期打工的收入足可以支付一年留学的费用。

7. 就业前景优势

受过韩国高等教育、既懂韩语又懂汉语的人才在韩国十分紧俏，不等毕业就被预订一空。随着中韩经贸的强劲发展势头，这类专业人才将更加抢手。中国留学生不仅在韩国就业前景宽广，回国后也是抢手的稀缺人才。目前，韩国在华投资企业达十万多家，多数集中在北京、上海、山东、江苏和东北三省。在未来的几年内，中韩贸易规模将突破1000亿美元大关。因此，越来越多的韩国机构和企业、公司急需大批有在韩国留学经历、精通韩国语的高素质中国雇员。据有关方面估算，目前韩资企业给中国当地人创造了110万到120万个岗位的就业机会，韩语人才自然是他们中的首选，工资的起点一般在3000元/月。至于那些毕业后在韩国工作的中国学生，年薪平均在15万人民币左右。与中国留学生从其他国家学成毕业后，由“海归派”变为“海待派”的尴尬现状不同，赴韩留学生绝无毕业后无舞台施展才华的忧虑。

（二）学生自身角度

选择去哪国留学不单单只考虑一个国家，还应考虑自身以及家庭的承受力等方面，所以中国留学生选择韩国作为留学目的国除了韩国国情本身的影响因素外，学生自身角度的影响力也不容忽视。

1. 家庭因素

韩国留学相对于英、美、加、澳等国家来说性价比非常高，这些国家一年的留学费用因为学校性质和地域影响在20万—40万元之间，相当于在韩国本科四年的留学费用，所以许多工薪家庭完全能够承担子女留学韩国。另一方面，韩国高校教育质量相比也很不错，所以能被很多家长认可。

2. 文化影响

近几年，韩国留学市场不断升温，与“韩流”在中国的影响有密切关系。韩国与中国在政治、经济、文化等方面的交流与往来日渐密切是近10多年的事情，特别是韩国电视剧、流行歌曲的大量引进，出现了一股“韩国大众文化热”，在年轻一代的中国学生当中，韩国的形象就是亲和与时尚的代名词，故而出现了一股争先追逐的“韩流”。其中的痴迷者，被戏称为“哈韩”。据某留学中介介绍，在他们每年送到韩国留学的学生中，有三分之一没有别的理由，就是出于喜欢韩国，对当地文化有认同感。而真正的“哈韩”族，则占了五分之一。

3. 自我选择

国内很多就读四年制大学的大学生，在中途发觉不适合所选专业，但又不想从头参加高考，不想从大一再开始上学，很大一部分学生都倾向于选择去韩国，其中主要原因是在国内修完的学分可以直接换算为韩国大学的学分，而不需要重修。

4. 教育体系因素

韩国教育采取的是6-3-3-4（6年小学，3年初中，3年高中，4年大学）学制，与中国教育体系高度匹配，高中毕业生可直接申请韩国的大学。而韩国有300多个国家认可的高等教育机构，其中专科大学159所，提供本科和本科以上教育的普通大学198所，它们中80%以上为私立大学。从总体上说，韩国私立大学的办学质量、整体影响和学术研究要高于国立、公立大学。中国学生高中毕业后，成绩在75分以上就可直接申请韩国的大学，而且不需要高考成绩。因此对于高考失利而平时成绩较好的同学来说，留学韩国也是不错的选择。

三、留学韩国的五大误区

中国学生选择留学韩国容易因为自身的想法存在误区而导致选择韩国的学校时带有一定的局限性和约束性，从而影响自己的判断，导致没法选择一个性价比高的学校，所以需要更正一些误区让学生的选择更多样化、更实际化、更理性化。

（一）韩国的优秀大学很难申请，很难进入

韩国为了推行本国大学的国际化，必须要有一定数量的外国学生，所以对于外国学生设置的门槛并不高。韩国大学针对中国开放时间比较短暂，所以现在吸收中国学生的政策很积极。

外国人申请韩国大学主要是语言关，多数大学要求韩国语达到 3–4 级（大致学习 1 年左右），比如，进入世界 500 强大学的国立釜山大学、国立庆北大学等；一些首尔的顶级大学如高丽大学、西江大学等要求韩国语 5 级以上。所以，基本上只要下工夫学习韩国语，就有希望进入韩国优秀的大学。

（二）韩国的高等教育比较发达，大学之间差距不大，随便选择大学深造都可以

韩国有着丰富的高等教育资源，4000 多万的人口，拥有将近 400 所大学，其中 4 年制以上的综合性大学大致有 198 所，这些大学中有着顶尖级世界 500 强大学，也有很多一般性甚至很不好的大学，类似我国也存在重点、一类、二类、三类、四类等，并不是每所大学都很优秀。韩国目前是老龄化社会，相当一部分大学存在生源危机，那么这些大学将目光瞄向周边国家。目前中国学生太多，优秀大学的教育资源相对不多，所以很多学生国内录取并不理想，家长为了孩子的美好未来，选择国外深造，可是如果不了解韩国大学的真实情况，就草草选择，很难达到最初的留学预期。

人的一生最关键的时段是高中毕业之后的高等教育阶段，这个时候选择什么样的大学很关键。到国外留学是为了将来个人有更好的发展，很多人放弃了国内的二本或三本院校，如果到国外选择并不优秀的大学，那还不如在国内学习。好的大学各个方面都很优秀，无论是学校环境还是师资力量。进入这样的大学，对于学生是很好的督促和激励，“近朱者赤，近墨者黑”，不要随便选择大学，以免将来贻误自己。

（三）所有优秀的韩国大学都要很高的高考成绩才可以申请

韩国目前只有个别大学需要学生提供高考成绩：国立首尔大学、高丽大学、延世大学多数专业要求高考成绩过本科线；国立庆北大学高考成绩要求是 420 分（来自北京、上海的学生 400 分）；国立忠南大学要求高考成绩 400 分；国立釜庆大学要求高考成绩 400 分；仁荷大学因为提供 50%—100% 的奖学金，需要高考

成绩过二本以上。

其他大学如西江大学、成均馆大学、国立釜山大学、国立全南大学、国立忠北大学、中央大学、东国大学等更多优秀的大学并没有要求提供高考成绩。所以，没有优秀的高考成绩，可以选择不需要高考成绩的学校，而且上述大学中，国立庆北大学、国立忠南大学在申请本科时候并不需要提供高考成绩，仅仅申请语言时候需要。

（四）去韩国一般类大学读语言，申请本科时候选择好的大学，节省费用

韩国多数大学下设语言教育院，专门培训外国人学习韩国语。在优秀的大学学习语言结束之后，进入其他大学申请本科比较容易。如果在不好的学校学习语言结束，希望进入很好的大学，则比较困难，所以选择语言学校一样也很重要。

1. 如果希望在首尔（韩国首都）的大学学习语言，可以选择最好的语言教育院如高丽大学语言教育院学习，学习结束的结业证书被所有大学认可，可以很容易申请到其他非常优秀的大学深造本科。

2. 如果希望在首尔之外的地方学习语言，一般还是选择学校师资规模比较好的国立大学，因为在好的国立大学语言结束容易申请到优秀大学的本科。

3. 希望进入某一所国立大学读本科，最好是在该校的语言教育院学习韩国语，这样被录取的机会大，这主要限于申请国立大学需要注意的。但是首尔圈子里的私立大学不是这样，有的私立大学语言教育院并不是很优秀，所以在该校语言学习结束后希望进入该校本科同样也很难。

（五）国立大学，尤其是好的国立大学很难毕业，所以选择一些容易毕业的大学

去韩国留学的同学，也不要担心难以毕业，只要你的学习态度良好，你的教授不会像对待韩国人那样要求你。在韩国多数大学，一般外国人都是有着独立的奖学金评价方法，不会与韩国人一起争取奖学金，所以相当多的中国学生是拿着奖学金学习的。一句话：只要付出就有回报，相信自己，最终会取得成功。

一些平常压根不学习，主要以吃喝玩乐、打工为主要生活乐趣的人，毕业自然就会变得困难。不要说在优秀国立大学，即使在一些私立大学，同样也是难以毕业。出去学习是为了自己的美好未来，不要为了一时打工赚钱而迷失方向，不

要贪图短暂享受而终生后悔；努力抓住人生中最重要的学习机会，开创繁花似锦的大好前程。

四、建议

随着韩国不断地发布利好留学政策，韩国留学的热潮不断袭来，而韩国当地不少大学也是抓住这次机会纷纷向中国学生伸出橄榄枝。面对韩国众多大学的吸引留学生的计划，赴韩留学的同学应注意下面三方面的问题。

首先，量体裁衣，考虑自身的学历，根据自身学历的情况，选择门当户对的大学。这样做，一方面，跟同学之间的学习能力相差不大，可以提高自己的信心。另一方面，能够最终修得正果，顺利拿到毕业证书。目前韩国的大学教育处于宽进严出的现状，往往语言关通过以后入学相对比较容易，但是每年要修的学分修不够，最终只能看着别的同学拿毕业证了。

其次，根据自己的家庭经济状况选择适合的城市。首尔是韩国的首都，也是韩国消费最贵的城市，目前消费水平也超过日本的东京，排在亚洲首位。这个消费贵不仅仅体现在平时的餐费和住宿费上，还有学费也比其他城市贵很多，一般留学生一年在首尔的学费和生活费的总花费要在 6 万—8 万人民币。第二大城市釜山，是韩国的最大港口，消费水平仅次于首尔。一般留学生一年在釜山的花费在 6 万—7 万人民币。除此以外的城市，花费数额比以上两所城市偏低 10%—15%。

最后，慎重选择专业。目前，韩国领先的专业有电子通信、汽车制造、船舶制造、电子商务和游戏软件开发等。一方面，考虑自己目前的语言水平，是否能在这个专业学习上非常顺利；另一方面，考虑这个专业毕业后就业率如何。

因此，作为一个成熟理性的“韩留”，一定要理性了解，理性分析，理性选择，才会日后成长为一个成功的“韩留”人才。

结束语

经过两个多月的努力，中国学生留学韩国决策分析论文终于完成。在整个设计过程中，出现过很多的难题，但都在老师和同学的帮助下顺利解决了，在不断的学习过程中笔者体会到：写论文是一个不断学习的过程，要做好一件完整的事情，需要有系统的思维方式和方法，对待要解决的问题，要耐心、要善于运用已有的资源来充实自己。在对待一个新事物时，一定要从整体考虑，完成一步之后再做下一步，这样才能更加有效。

参考文献：

[1] 黄兴．韩国外国留学生教育政策现状及发展方向［D］．苏州：苏州大学海外教育学院，2013.

[2] 张雷生．韩国高等教育政策改革最新动向［D］．韩国：韩国延世大学，2010.

[3] 魏建华．韩国外国留学生教育快速发展的政策分析及启示［D］．浙江：浙江科技学院国际教育交流中心，2009.

[4] 蒙有华．亚洲留学教育的发展现状及趋势［J］．世界教育信息，2006（1）.

[5] 王留栓．韩国高等教育的国际化进程［J］．世界教育信息，2003（11）.

北京市二本类院校国际化办学的国内外环境分析

刘 祺[1]

摘 要 中国国际化教育于1994年WTO乌拉圭回合谈判后迅速发展，谈判中通过的具有国际法效用的《服务贸易总协定》（General Agreement on Trade in Service，简称GRTS）对中国国际化教育的发展产生了不可估量的影响。此外，国外一流大学的办学理念与办学模式、中国政府颁布的《中外办学合作条例》，引导着中国国际化教育的发展方向。在这些影响因素下，北京市的一些高等院校纷纷开展国际化办学活动，引领学生走上国际化的道路。

关键词 国际化办学；教育；影响；北京市；二本类院校

一、背景

在当今中国，国际化趋势愈演愈烈，从政治领域扩展到经济领域进而扩展到教育领域。在国际化发展的大背景下，越来越多的人选择出国留学进修，国内的国际化办学模式亦随之丰富发展。究竟是何因素成为推动中国国际化教育日益繁盛的动力？作为中国的首都——北京，在教育国际化的进程中脱颖而出，各层次的大学纷纷响应，各类留学机构层出不穷，国际化办学成为现今高等院校的潮流办学模式。

二、为什么需要国际化教育

面对经济全球化的发展，我们必须培养出更多理解国际事务、通晓国际惯

---

[1] 作者简介：刘祺（1993—），女，北京联合大学商务学院国际商务系财务（1201）班学生。

例、面向世界的国际化人才。国际合作办学能够满足这种需求。国际合作办学是指中外教育机构为了达到一定的教育教学目的并获得相应的经济利益，根据双方签订的合作协议或合同，由合作方共同实施的各种合作教育、教学活动。合作办学能有效利用国外教育事业发达国家的资源，取他人之长，补己之短，取其精华，弃其糟粕，促进我国教育和社会的发展。

三、推动中国走向国际化教育的影响因素

（一）中国国际化教育受到 WTO 相关条款的影响

1994 年乌拉圭回合谈判中，《服务贸易总协定》正式通过，并将教育纳入“服务贸易”的范畴，确立了国际化教育的服务贸易性质，成为 13 种世界通行的贸易之一。美国、加拿大、澳大利亚、日本、中国及所有欧共体成员等 44 个国家签署了协定，开放教育分支领域，努力降低服务贸易壁垒。

我国是大多数国家和组织公认的“世界上最大的教育进口国”和“最大的教育服务贸易市场”，因此，在面对国际化教育服务贸易这个新机遇和新挑战时，我国应积极制定对策，从而获得最大的收益。

开展国际化教育，我们可以从以下方面入手：积极派遣留学生，引进国外教育资源、先进科技及管理经验，为国内学生提供优质的教育，提高教育水平；认真评估、检测国外教育水平，建立国家间教育机构的联系，确认国际教育文凭的有效性，保证我国留学生的利益；鼓励我国高校开展国际化办学活动，设立国家级奖学金，以扩大国际化办学的规模。

（二）中国国际化教育模式受到其他国家国际化教育模式的影响

马来西亚 1995 年加入 WTO 后，积极引进国外教育资源，满足国民对不同教育程度的需求，弥补教育资源的不足，并大量吸引留学生来本国就读，采取2+2、3+1、4+0 等多种方式，促进国际化办学的发展，使教育水平得到空前的提高。

我国正在逐步开放教育市场，并从马来西亚国际化教育的实践中总结经验，批判继承，并于 2005 年 9 月 1 日颁布并实施《中华人民共和国中外合作办学条例》（以下简称《中外合作办学条例》），更好地指导国际化办学。

（三）中国国际化教育受到《中外合作办学条例》及其实施办法的影响

1．中国政府政策调整

《中外合作办学条例》及其实施办法颁布实施后，国际化教育市场竞争加剧，有关方面开始进行一系列的政策调整。

鼓励中国教育资源与外国优质的教育资源相结合，转变以往以国外教育为中心的国际化教育方式，形成中外共同管理的国际化教育合作模式；对国际化办学模式进行政策控制和法制化管理，我国政府积极营造良好的法律政策环境，保障公平的同时，最大化地保护各方的利益不受侵犯；引进国外办学模式，提高我国教育水平，学习国外学校的发展战略、办学理念和管理模式，全面提高我国教育的整体水平。

2．中国国际教育消费者的变化

消费者理性化逐步改变了盲目的职业发展观，他们在学校及专业的选择上更加理性；消费者需求增多，迫切需要国外一流大学的一体化办学模式；消费者对国际教育层次需求多样化，受经济、价值取向等方面因素的影响，各层次的国际化办学均有广阔的市场。

3．中国教育机构在国际化教育领域中的需求变化

主动建立合作关系，将资源有效地导入国际化办学的模式中，将国内外优质资源融合到国际化教育中，产生更高的价值；引进办学理念与办学模式，并融入我国教育模式；引入国外办学理念与模式是逐步改变我国教育模式的基础；借国际化办学的机遇，改变市场运作方式，促进我国教育逐步走向世界。

四、北京市二本类院校国际化办学现状及发展趋势

所谓大学的国际化，更多的是指现代大学开放合作办学、参与国际竞争的手段与措施。国际化办学作为我国人才强国战略的重要选项与推进路径，大学的国际化人才培养日益引起社会各界的重视，这是应对人才国际化培养和国际化使用的客观要求，也是增强我国核心竞争力的迫切需要，更关系到中华民族的未来。近年来，包括许多二本类大学在内的很多大学按照国际化办学的思路，营造国际化办学的良好氛围，打造国际合作平台，进一步推进国际化办学的规模和质量，

为大学的整体发展引进优质国际教育资源，为学生今后的发展铺展道路。这种国际开放合作的办学模式不仅促进学校的发展，更加有利于学生自我能力的提升。在今后的一段时间内，国际化办学的思想将会影响更多的教育机构。

五、北京市二本类院校国际化办学目标

大学开展国际化办学的目的是：培养具有国际竞争力的人才，力图通过国际化办学，为我国的现代化建设输送具有国际视野、创新意识和国际竞争力的人才。经过国际化办学模式下培养出的国际人才熟悉国外的政治、经济、文化、历史，熟悉国际规范和国际惯例；能够通过换位思考促进国际理解，并能以不同的身份代表各自的利益探讨解决这些问题；能够以俯视全球的高度、目及未来的旷远，以全球的意识和语义来分析问题和解决问题，能够着眼于日趋激烈的国际竞争，而不是仅仅局限于一个地区或者国家。

六、国际化办学面临的突出问题

（一）国际化办学过程中的总体问题

国际合作办学的发展受到资金上的严重制约，合作办学不同于合资办企业，除个别情况外，国际合作办学的原始投入不会很高。在这种情况下学院的正常运转通常只能依靠学费收入来支撑，学院发展缓慢。保持合作办学的特色，保证教学质量，需投入大量资金引进教材，聘请外籍教师，配备先进的教学设施，提供各类奖学金，日常开支很大，有限的经费使学院长远发展缺乏后劲。受到场地和师资力量的限制，我国高等院校校舍普遍紧张，不可能提供更多的教学场所来进行合作办学，若要另起炉灶则经济上会遇到困难。此外，国际合作院校因建校时间较短而缺乏长期稳定的师资队伍，这为教学组织工作带来一定难度。外籍教师由于生活待遇低和受我国出入境管理条例的限制而不便长期居留，这也不利于教学的稳定。目前，生源的竞争也十分激烈。学院除了坚持正确的办学思想，严抓教学质量，办出特色、办出水平外，适当调整学生结构也势在必行。目前计划外学生仍占多数，由于社会上对高考落榜生有多种分流渠道，要想录取质量高一点的计划外学生并不容易，这给教学质量的提高和学生管理工作带来一定难度。

（二）北京市二本类院校国际化办学突出问题

北京市二本类院校学生的整体水平与一本类院校的学生整体水平有所差距。主要体现在某些专业知识上能够接受的深度有限，并且接受时间较长，最重要的影响因素是二本类院校学生英语的整体水平还有待提高，这是决定能否顺利开展国际化办学活动至关重要的因素，尤其是英语口语水平还需很大的提高。另外，北京市二本类院校学校本身资源有限，能够提供给学生的教育资源相对较少。基于学校整体水平有限，因而不易与国外一流大学达成合作办学的协议，或是只能选择国外一些较为一般的学校进行合作办学。结果会导致不同学校的留学生所得收获会有很大的差别。

七、解决方案

（一）强化国际化办学理念，通过实施国际化办学战略，使全校师生树立全球意识、开放意识和创新意识

首先要强化国际化的教育理念。“国际化已不再是为数不多的尖子大学的事情。所有的大学在一定程度上讲都必须国际化。国际化的知识与技能已不再仅仅是未来与国际事务有关的专家的任务，比如外语学者或区域研究者，而或多或少成为普遍的要求，已进入大多数专业之中。”因此，高校要进一步明确和强化国际化的教育理念，树立人才培养标准国际化的观念。尽管各个高校和学科的定位、发展历史和优势等各有不同，但培养具有国际视野的高素质人才应成为人才培养目标的共识。大力加强国际合作，引进先进的教育理念、一流的师资、一流的仪器设备，并打造优化学科和专业，以促进我国高等教育的快速发展，提高我国高等教育的办学水平。寻求与国外知名或特色大学的合作与交流，扩大合作覆盖面，提升交流层次，引进国际优质教育资源。尝试与名校合作，探索联合培养研究生的可行性。创新国际化教学模式，深化大学英语教学改革，推进基于计算机辅助的教学模式，通过推进计算机辅教模式，不断创新改革公共外语的教学模式，提高学生整体外语水平。加大海外人才引进力度，建设国际化的师资队伍。在继续鼓励和支持教师出国访学、参加国际会议、开展合作研究，聘请国外教授讲学、开设讲座、指导研究生学位论文的同时，要加大师资队伍“请进来”的力度，尤其是要大力引进具有海外经历或留学背景的高级人才。进一步推进课程

的国际化，在继续推进课程、教材、教学方法、科研与论文等国际化的同时，要充分利用信息社会发达的网络技术。具体来说，一方面要关注和引用国外一流大学开设的免费网络课程资源，同时要积极创造条件大力推进我国高校全英文课程模块和网络教学平台建设，将与课程相关的教学大纲、实验指导、参考文献、网络课件、授课录像等上网，并提供英文版，使其成为国外研究生自主学习的平台。

（二）扩大国际化办学渠道，加强本科层次中外合作交流。通过与国外学校的学分互认、师生互换和文凭互授，扩大国际交流外延

整合、发展现有国际从业资格认证和培训项目，利用学校优势，与国际金融机构、教育组织和跨国公司建立“强项合作”。

“在21世纪的今天，经济全球化和区域一体化的加强，信息技术和网络社会的兴起，学术在范围和方向上的国际化程度不断增强，只是经济的纵深发展，使得高等教育国际化成为不可阻拦的趋势。”国际化教育对中国来说，既是机遇又是挑战。在诸多因素的影响下，中国要趋利避害，正确判断选择方向，批判地继承学习他国的经验教训，将有利于中国国际化教育发展的优势条件融入今后的发展中，促进中国的教育模式发展，使中国的教育水平得到提高，把中国的国际化办学纳入提升学校的内涵建设和综合实力上考虑，使我国的高等教育迈上一个新台阶，使国际化教育成为我国的特色和亮色。北京市的二本类院校应利用自己已有的优势，将优点扩大化，在国际合作办学中积极参与，共同合作，推动中国的国际化教育继续发展。

参考文献：

[1] 祝金平．走向优质教育资源实质性结合的国际化——中英合作办学模式变迁的案例［J］．2006，20-27.

[2] 缪迅．大学要着力拓展国际化办学新优势［D］．浙江工贸职业技术学院，2012.

[3] 沪金院发［2009］7号．上海金融学院国际化办学实施方案．http：//wenku. baidu. com/view/0bcb550b79563c1ec5da7177. html. 2008-12-9.

[4] 张良．试析我国高校研究生教育国际化的现状与发展策略研究［J］．中国电力教育，2011（7）.

[5] 邢邦圣，江苏高等教育国际化现状及对策研究 [J]. 徐州建筑职业技术学院学报，2010 (2)：71-74.
[6] 朱苏飞，高等教育国际化背景喜爱一般地方高校的发展路径 [J]. 教育与经济，2006 (3)：32-34.
[7] 王立新，柯玉贞关于高等教育国际化的思考与对策 [J]. 南京理工大学学报（社会科学版），2002 (4)：79-83.

国际化背景下大学生自主创业能力培养

马六甲[1]

摘 要 随着经济全球化的不断发展和深入，全世界对于创新创业人才的需求越来越大。大学生作为祖国未来的建设者，在建设创新型国家的过程中具有不可推卸的责任。当前大学生自主创业在国外已经逐渐受到重视，在英美等发达国家的发展较为成熟，但在我国仍较为落后。因此在国际化背景下，大学生自主创业能力的培养尤为重要。

关键词 大学生；创新；创业能力；培养策略

一、背景

（一）研究目的

1998年10月，联合国教科文组织在巴黎召开该组织成立50年来首次世界高等教育会议，发表了《21世纪的高等教育：展望与行动世界宣言》（以下简称《宣言》）和《高等教育改革和发展的优先行动框架》（以下简称《框架》）。两个文件都强调，必须把培养学生的创业技能和创业精神作为高等教育的基本目标。

2012年11月8日，中共十八大会议召开，报告指出，“全党都要关注青年、关心青年、关爱青年，倾听青年心声，鼓励青年成长，支持青年创业。”

21世纪是以创新、创造、创业为特征的新世纪。知识经济的主导地位致使大学生自主创业成为高校毕业生的主趋势。它所蕴含的生机和发展趋势势必引发

[1] 作者简介：马六甲（1994—），女，北京联合大学商务学院商系（1202B）班学生。

一系列观念、体制和人才培养模式的变化，不仅对现行的教育提出了严峻的挑战，也预示着未来中国教育必将发生深刻变革。因此，培养大学生的自主创业能力是时代的要求。政府和高等学校理所当然地要探寻培养大学生自主创业能力的途径和方法，强化学生自主创业能力和创新意识，迎接新挑战。

美国是创业教育和创业能力研究、实践最早的国家，其创业教育非常具有代表性，不仅研究起步非常早，而且发展迅速。目前已经形成了系统完整的学术体系，理论和实践环节健全，已进入了研究的成熟阶段。利用 Google 搜索引擎，可得到以下检索结果（见表 1）。

表 1　Google 引擎搜索结果

关键词	搜索结果
College students（大学生）	126 000 000
Enterprise education（创业教育）	51 200 000
Entereprepreneurship（创业能力）	15 300 000

美国各界也十分重视教育，政府专门设立创业基金。目前，美国的创业教育已被纳入国民教育体系中，并形成了以商学院创业学专业学生为主，其他专业学生为辅的完备创业教育体系。美国创业教育还取得了众多社会机构和成功人士的资金支持，一些公益性基金会给创业竞赛、创业项目和创业教育课程研发等提供资助。

（二）大学生创业的优劣

1. 优势

外部优势：国家鼓励大学生创业并给予各项政策支持。高校毕业生是我国宝贵的人力资源。中华人民共和国国务院办公厅就大学生创业做了如下文件报告：各地区、各有关部门要把高校毕业生就业摆在当前就业工作的首位，采取切实有效措施拓宽就业门路，鼓励高校毕业生到城乡基层，到中西部地区和中小企业就业，并推出贷款优惠政策、提供创业培训等一系列政策，切实为大学生创业提供舞台。

自身优势包括：

（1）大学生自主创业的意识和意愿强烈。现代大学生有创新精神，有对传统观念和传统行业挑战的信心和欲望，而这种创新精神往往也造就了大学生创业的动力源泉，成为成功创业的精神基础。

（2）大学生自主学习能力很强，文化水平较高，接受新事物的能力强。大学生在校期间，所学课程多为理论知识，如工商管理、经济、法律等专业，拥有丰富的企业管理及经济法律知识，这给学生积累了许多经营管理、资金运营、财务核算、市场调查和法律法规等方面的经验。

（3）大学生创新能力强。大学生思维活跃，不受拘束，接受新事物和新概念能力很强，想象力丰富；能够利用高科技技术，寻找最新讯息。

（4）大学生团队组合优势。大学生在校四年期间，在许多专业都会有些志同道合的朋友，而这些朋友经过几年的交流沟通，会产生很好的合作意识。每个成员都有自身的优势，这样在创业团队组建时可以产生协同优势。大学生组建团队，因为有一定的感情基础，所以相对来说团队的稳定性更好，组建了有能力、有默契、有感情的高效团队就是创业成功的开始。

（5）培养创新能力的平台和创业教育的影响。大学生社团完全由学生组织，学生在建立社团并在社团经营过程中，锻炼了自己的沟通能力、组织管理能力、事务处理能力和承受失败等能力，这些能力是创业者所必备的。此外，创业教育对大学生创业素质的提高有很大帮助。

2. 劣势

（1）经验不足。首先，市场经验不足。许多大学生采用智力换取创业资本的方式来吸引风险投资家投资，进而开展自己的创业之路。但在这个过程中，大学生往往不能准确分析市场未来的发展方向，错过了商业机会。其次，社会经验不足，缺乏职业经历，在创业过程中，缺乏人际关系和商业网络，使得创业的风险加大。

（2）传统就业观束缚，有创业想法的人多，而真正参与创业的人却较少。

（3）资金不足。大学生个人资金少，资金来源主要是亲戚朋友，信用额度低，没有银行贷款，这是创业的一个瓶颈。

（4）没有广泛有效的人际网络。大学生由于涉世不深，没有广泛的人际关系网络，创业过程中未必能很好地把握市场环境的变化，创业过程中难免会走很多弯路，这些都会或多或少影响到大学生创业的成功。

二、在校大学生创业能力培养对策

（一）优化创业环境，发挥政府引导作用

政府应加快大学生创业服务体系的建设，形成创业“一站式”服务。这样

可以促进和推动普通高校毕业生就业工作，引导毕业生树立正确的择业观和创业观。

（二）加强政府引导，增强大学生的创业信心

建立失败救助体系。目前大学生创业的难点之一就是资金短缺，创业资金大多来源于借贷或自筹，创业者承担了较大的风险。建立大学生创业失败后的救助体系，设立创业失败人员救助基金，并将创业者纳入社会保障体系，保障创业失败者的基本生活，这样就可以降低创业的风险。

（三）加强创业基地、科技孵化器等创业集群建设

政府要打造全方位创新创业教育和促进学生自主创业支撑平台，以国家大学科技园为主要依托全面建设高校学生科技创业实习基地，实施“创业引领计划”，加强创业培训和服务工作。同时，要集聚社会资本，形成创业集群效应，降低创业风险。政府应加强以创业基地和科技创业孵化器为主要形式的创业集群建设，强化科技创业集群之间的网络交流，发挥资源共享、优势互补、互惠发展的整体效能，通过集群效应降低创业风险，提高大学生的创业成功率。

（四）加快创业服务体系的建设

开设创业政策引导性培训，提供涉及创业政策解析、创业项目选择、具体实践操作等方面的培训课程，为大学生创业现身说法、答疑解惑，并提供项目论证、业务咨询和决策参考等服务。着力解决大学生在创业过程中遇到的难题，提高大学生的创业能力。

（五）完善学校创业教育机制

众所周知，多年来，我国的教育过分强调知识教育，因此出现了一大批高分低能的学生，缺乏逻辑思维和现象思维。这种教育理念严重制约了学生的全面发展。同时，传统的填鸭式教育模式也抑制了学生创新意识的发展，不利于学生掌握独立思考和探索性地解决问题的能力。在当今社会，大学生本就是创新活动的重要力量，因此完善学校创业机制尤为重要，大学创新之道在于“兼容并包”。

（六）完善创业课程

设置一个完善的课程体系，对于培养大学生创新能力会起到非常关键的作用。具体对策主要包括以下三个方面：一是通过课堂教学培养大学生的创新能力，探索多种教学模式，设计情境式问题，诱发学生求知欲，培养学生学习兴

趣。二是通过实践环节强化创新能力的培养。引导学生观察及动手实验，培养创新思维能力。三是以科技竞赛活动为载体，培养大学生创新意识，锻炼大学生实践创新能力。

（七）加强创业师资队伍建设

（1）以教师为基本师资队伍，社会多方面配合。以教师作为教学主体，采用示范教学的教学模式，对学生讲授创业理论和创业知识等基础教育教学，使学生能够掌握创业的基础理论。

（2）同时，高校在进行创业教育时要聘请社会成功人士、成功的企业家、商界名流、风险投资家、政府人员等各类专家，为学生开创业讲座，保证创业教育师资来源。通过他们的讲授，使学生能够直接感受创业，在创业的道路上获得丰富的创业知识和创业指导，以增强大学生对创业的兴趣和热情。

（3）成立创业教育研究机构，加强创业教育课程体系的建设。

（八）建立创业教育、实践平台和创业社团等

建立大学生创业社团，既可整合创业资源，又可以营造良好的创业氛围。如果大学生在创业方面已经形成了较好的集聚效应，不仅培养了大学生的创新精神，又可以促使大学生自主创业之路发展得更好，有力促进创业的发展。争取使更多的大学生能够参与创业大赛，需要创业社团联合协调学校有关部门，举办各类创业大赛，提升创业氛围。

（九）提高自身素质，提高大学生创业能力

（1）善于利用政策优势，勇于抓住机遇。当前正值我国“十二五”规划火热开展、十八大思想大力贯彻之际。十八大报告指出，“要实施创新驱动发展战略。科技创新是提高社会生产力和综合国力的战略支撑，必须摆在国家发展全局的核心位置。要坚持走中国特色自主创新道路，以全球视野谋划和推动创新。”这为我们大学生提供了良好的机遇和条件，我们应该掌握时代主流，抓住机遇，迈向成功。

（2）客观评价自我，主动学习，不断提升自身素质。随着社会经济飞速发展，大学生要不断按照社会对人才的需求来重新塑造自己，培养自立意识、成才意识。大学生创业需要客观的正确认识和评价自我，了解自身的优缺点，在创业前一定要做足准备，分析自身条件，充分考虑外在因素，做好创业策划。

（3）提升创新能力，以创新促进创业。首先，由于受中国传统趋同式教育

方式的影响，许多大学生容易形成思维定式，对社会适应力不强，创新能力较弱。其次，由于创业教育的匮乏，大学生的创新能力急需提高。因此大学生应该拓宽视野，多与外界接触交流，培养新式思维，多参与社会实践，在实践中创新，不断提高个人素质。

结论

大学生创业能力的培养是一个复杂的系统工程，培养具有创新意识的综合性人才，给予大学生培养创业能力的支持和机会，是功在当代、利在千秋的事业。

本论文不是说所有大学生都应该去创业，这是不实际的。不是所有的学生都适合创业，并且有条件去创业。在对待创业问题上，无论学生还是学校都应该理智、冷静地对待。但是大学生创新创业能力是新世纪人才必备的才能，大力培养大学生创业能力是知识经济时代发展需要，是社会和经济结构调整时期人才需求变化的需要，是以人为本、构建和谐社会的需要，会促使大学毕业生在激烈的市场竞争中脱颖而出，可以提高大学生的创新能力，也能促进大学生就业问题的解决，是适应国家经济社会发展、加快经济发展方式转变的必然要求。

参考文献：

[1] 罗天虎. 创业学教程 [M]. 西安：西北工业大学出版社，2004.
[2] 卢旭东. 创业学概论 [M]. 杭州：浙江大学出版社，2002.
[3] 彭钢. 创业教育学 [M]. 南京：江苏教育出版社，1995.
[4] 毛家瑞，彭刚，陈敬朴. 关于创业教育的若干问题 [J]. 教育研究，1992 (1).
[5] 徐兴海. 适应时代需要，培养创业能力 [J]. 职教通讯，1999 (5).
[6] 申卫东. 在素质教育中注重创业能力的培养 [J]. 渝州大学学报，2002 (4).
[7] 杨涌滨. 论当代大学生创业能力及其培养 [J]. 河南社会科学，2003 (4).

国际化背景下大学生国际化视野培育

马思璇❶

摘　要　在全球化进程日益加快的背景下，当代大学生的国际视野能直接影响到大学生的自身发展，并最终影响到国家的进一步发展。文章从什么是国际化视野开题，就为何在全球化的背景下开展大学生国际化视野培育，从知识、能力、素质的角度对大学生国际视野培育的内容进行分析，并对如何有效地培育大学生国际视野提出了建议，同时警示性地提出今后在开展大学生国际视野教育过程中应当避免的一些问题。

关键词　大学生；国际化视野；培育

“国际化是高等教育质量的一个有机部分”的观点，学界已达成共识。尤其进入20世纪90年代以来，高等教育的国际化成为当代世界高等教育理念及发展趋势，受到前所未有的重视，并日益深刻影响着高等教育的发展。在世界高等教育国际化浪潮中，国内外著名高校纷纷将提高与扩大自身大学的国际化目标纳入发展规划中。北京航空航天大学北海学院院长马军教授在2010届新生开学典礼上要求大学生应做到三点，其中第二点提到当代大学生应培养国际化视野。

一、国际化视野对当代大学生素质能力的要求

（一）宽广的国际化视野和强烈的创新意识

现代社会是一个不断要求创新的社会，岗位要求职业者不能是只会动手，知其然而不知其所以然的经验型“老师傅”，还要求他们具有一定的知识水平和创

❶ 作者简介：马思璇（1994—），女，北京联合大学商务学院国际商务系国商（1201B）班学生。

新能力。只有拥有一定的创新能力，才能更具优势。现在的企业不但注重就业者的知识结构，更注重创新能力。路是靠自己走出来的，跟着别人的脚步永远走不到最前头，具备超前意识才能走出属于自己的一片天地，模仿别人的东西迟早会被社会被大众淘汰，加强创新意识才能有出路！

（二）熟悉本专业的国际化知识

随着社会的发展，科学技术向社会各个领域内渗透，全球的信息化趋势促使未来的人必须具备合理的知识结构。美国学者 W. 多尔根据后现代主义的知识观提出，为了适应21 世纪的需要，应构建一种具有开放性、整合性、变革性的知识体系，即学习者要带着各自的价值、目的、信念及其独特的方式与自然和社会对话。对国际人来说，他必须开放性地、动态性地了解与掌握国际知识。

（三）熟悉掌握国际惯例

“举凡操持洋务之重臣，多以识番邦习俗，通蛮夷言语，游历海外经年之名士硕儒。”这是清朝旧话，但道理上并不过时。随着全球经济一体化的发展和我国加入 WTO，按照国际规则和惯例办事成了我们参与国际竞争的必要选择。国际化人才熟悉掌握国际惯例能为企业的发展生存、为本地区的经济发展发挥更大的作用。

（四）较强的跨文化沟通能力

中国人民大学校长陈雨露在《跨文化沟通能力：培养拔尖创新人才的新诉求》一文中说，密切的跨文化沟通已经成为当今世界的一个重要特征。随着经济全球化进程的加速，跨国、跨文化的交往日益频繁，多元文化背景的跨国往来与日俱增。我们面向世界未来、面向人类社会未来培养的拔尖创新人才，必须特别重视具备跨文化沟通的能力。在企业中，每个人身边都有由不同文化背景的人员组成的人际关系网，每个人都会处于不同的文化状态中，不同的公司、不同的部门、不同的小组中其实也存在着不同的“潜在文化”，因为，“跨文化是一种常态”。跨文化存在于人与人之间、部门与部门之间、客户与企业之间。如果忽略了跨文化沟通的能力，将会很难融入社会！目前，具备跨文化交际能力的专业人才越来越受到跨国公司的欢迎。而是否具备跨文化交际能力已成为国际性企业选拔人才的重要标准。

（五）独立的国际活动能力

面对这样的社会发展，未来的人不仅需要扎实的基础知识、良好的态度与意识，还必须具备与社会发展相适应的能力。正如世界经济合作与发展组织的 K.

博尔所指出的那样，未来人应具备三本“教育护照”，一本是学术性的，一本是职业性的，另一本是证明人的事业心、进取精神、创新能力和协调组织能力的，而国际人也同样需要这三本“教育护照”去面向未来、走向世界。

（六）较强的运用和处理信息的能力

信息搜集本身就是一个相当艰苦的过程，但它又是一个最基础的工作，“万丈高楼平地起”，没有搜集信息的成功，一切都无从谈起。身为国际化人才要与世界同步，要不断吸收新信息、运用信息、处理信息，才能跟上世界的脚步。

二、开展国际化视野培育的重要性和必要性

（一）提高个人竞争力需要开展大学生国际视野教育

当前随着社会变化的速率加快，信息传递、更新速度呈指数增长，国际交往日益频繁，人们获取信息的渠道将更畅通、更便捷，人才的全球性竞争愈演愈烈。大学生如何培养自己的核心竞争力就成了一项紧迫任务。大学生不但要具备强烈的竞争意识以及对各个学科融会贯通的能力，更要具备国际视野，用一种国际眼光审视自我、发展自我，才能使自己在人才大战中立于不败之地，成为国家和社会的有用之才。

（二）全球化进程迅猛发展需要开展大学生国际视野教育

我国加入 WTO，这意味着中国经济将以更加开放的姿态，全面融入国际社会发展主流，并成为我国经济从被动开放走向自主开放，从局部开放走向全方位、多领域、全景式开放的重要里程碑。这种蓝图的实现必然要靠人才来支撑，因此当务之急是要造就一支高素质的人才队伍，培养一大批具有国际意识、国际知识和国际交往能力的人才，一支能游弋于世界各种领域而得心应手、富有排除各种险恶能力的能人队伍。作为培养社会高级人才的高等教育必须顺应和适应世界潮流，尽早介入国际主流中去。

三、目前高校开展国际化视野培育所存在的问题

（一）教育国际化的层次较低

目前仍有许多学校把教育国际化理解为人员流动的国际化。人员流动只是教

育国际化的一个部分，是教育国际化的第一层次。一些较高层面上的国际交流尚未成熟。

（二）我国教育国际化发展速度不平衡

这一点具体表现为各地区、各学校以及各学科的国际化发展不平衡。经济发达的东部地区教育国际化的质量和速度都明显高于经济相对落后的中西部地区。重点学校国际化进程较快，非重点学校进程较慢。另外，各学科间发展的不平衡也尤为突出，语言学科国际化进程较快，非语言学科较慢。

（三）尚未处理好教育的国际化与本土化相互协调的问题

处理不好教育的国际化与本土化会带来两个方面的危害。一是会给国家的传统文化带来冲击，导致一些人对本国传统文化的不重视，轻视传统文化，一味只追求新引进的东西。二是会全盘搬入，而不是取其精华去其糟粕，将我们原有的优良传统全盘否定。在实现教育国际化的过程中，如何立足本土，突出本地、本校优势学科与特色文化，如何将国外的优质教育资源与本国的教育文化特色相连接，使之本土化、民族化，理论界还存在不同的看法。

四、改进措施

（一）学生素质

1．拓宽知识面

国际知识是国际视野的基础，没有一定的国际知识，国际视野只能是盲人摸象。掌握国际知识，要能以前后联系、发展的眼光进行分析，动态地看待问题。同时，也应尽可能地丰富自己的知识储备。国际知识越丰富，国际视野就越宽阔，越有洞察力。除了单纯地掌握知识，还需要在实践与体验中用心发现、体会，使理论知识与实际相结合。

2．加强能力

国际视野不应仅停留在知识的层面，还应具体到能力层面上。国际视野中的能力主要包括沟通能力、信息获取能力和取舍能力等。沟通能力包括外语运用能力、跨文化交流能力等。良好的沟通能力有赖于正确认知、了解异域文化，使我们在国际交流中既能尊重对方立场，又能妥善表达自己的观点，在理解他人的同时又能让他人理解。信息处理能力包括信息分析能力、信息利用能力等。对信息进行有效处理的前提是能迅速获取信息资料，时刻保持主动姿态。敏锐的信息意识有利于防止边缘化，与世界同步。取舍能力是对接触到的异域文化对其全部或部分因素进行保留或剔除。文化总是一定历史背景的产物，有它的适用域。取舍的关键是要对异域文化进行分析、评判，包括它的优点与缺点。具有国际视野的人能以拿来主义的心态对待异域文化，与本民族文化进行恰当比较，对异域文化的精华与糟粕进行取舍。

3. 提高素质

素质主要包括宽容、包容的态度和正确的价值观等。以开放的态度正确看待和分析本国、本民族所面临的各种机遇和挑战，以客观包容的心态对待异域文化。价值观包括人们对和平、人权、公正、开发、环境等重大问题的观点。正确的价值观有利于迅速融入国际大家庭并获得国际的认同，能够为国际合作奠定坚实的基础。

（二）高校培养

关于高校培养，笔者以我校北京联合大学商务学院为例展开详细的论述。

1. 课程的国际化

学院注重学生英语应用能力的培养，学院试办全英语教学班，从报考学院经济管理大类、国际经济与贸易专业的考生中，择优录取全英语教学班，采取英语强化学习、开设双语教学、全英语教学等。

2. 教师的国际化

为落实国际化办学定位，学院专职教师先后到美国、德国、英国、马来西亚、加拿大、中国台湾和香港等地进行访问交流以及培训学习、进修，开展学术交流与合作，人数占到全系教职工的58.6%以上。2006年国际商务专业成为全英语教学试点后，为保障全英语教学质量，全英语教学教师授课前都接受国外专业培训，并有针对性地修订了培养计划。

3. 建立起教育国际化的管理体系

学院以培养具有国际视野和社会责任感、富有创新精神和实践能力的应用型国际商务人才为根本使命，2009年学院创办了“应用性国际商务人才培养模式创新试验区”，全面引进、借鉴国外先进的教学理念和优质的教学资源，使更多的学生不出国门就能享受发达国家高质量的教育服务。学院重视国际交流与合作，自2000年始与英国西苏格兰大学（原英国佩斯利大学）、香港教育学院、香港岭南大学、英国诺森比亚大学、加拿大温尼伯格大学等多个国家和地区的大学开展合作办学项目。自2006年以来，共有来自20个国家的100多名留学生来学院学习进修。2007年，与香港岭南大学合作，全英语教学班学生每年赴香港岭南大学实习交流一周，并且每学年免费派6位学生赴香港岭南大学学习半年。

（三）国家教育模式

鼓励学校创办国际化教育模式并协调我国各地区、各学校的国际化发展速度。在发展教育国际化的过程中，政府应通过制定相应的协调政策或是采用直接的财政补贴等措施来鼓励学校创办国际化教育模式。另外在学科建设领域，应集中力量在优势学科领域建设具有国际影响的高水平专业。世界一流学校并不一定在每个学科领域都处于国际领先地位，很多学科领域齐头并进是不太可能的。一所学校如果在整体学科水平较高的基础上，三五个学科具有一流的国际影响力，便可在世界高水平学校中占有一席之地。应坚持有所为、有所不为的战略，找准自己的比较优势，而不追求在所有领域都领先。我国的教育应立足现实，对于不同专业，应有针对性地进行国际化的对比研究，在具体、充分分析的基础上，制定具体专业的方案，围绕优势学科建设若干个具有国际影响的高水平专业。

参考文献：

[1] 王文超．中外MBA教育的比较研究［J］．科技与管理．2007（4）．
[2] 姚福生．新时期大学生国际视野教育初探［J］．学术论坛．2008（1）．
[3] 程振强．我国教育化发展路径［J］．人民论坛．2010（32）．
[4] 汤美芳．浅谈国际化人才的培养与引进［J］．当代社科视野．2012（7、8）．
[5] 陈雨露．跨文化沟通能力：培养拔尖创新人才的新诉求［J］．中国高等教育．2012（7）．
[6] 陈正礼．人才：国际综合实力的体现［J］．国际人才交流，2006（2）．
[7] 苏志武．为加强国际传播能力提供坚实人才支撑［J］．求是．2011（4）．
[8] 郝平．中国情怀国际视野［J］北京教育，2012（6）．

国际化背景下北京地区大学国际化现状分析

马文静[1]

摘　要　随着全球化进程的不断加速，世界各国之间的交流也更加密切，教育全球化便成了不可逆转的潮流。为了吸取更多国际优质的教育资源，创造校园良好文化氛围，中外文化交流、教育交流已然成为一个必不可少的环节，国际化办学也成为大势所趋。但是，在我国高校国际化办学的道路上，还存在诸多亟待解决的问题。本文试着从高校国际化办学的背景、原因、存在问题、应对策略等方面对北京地区高校在全球化背景下的国际化办学现状进行分析。

关键词　北京地区；高校教育；国际化；办学

教育全球化的趋势不可逆转，如何加速高校教育办学的国际化，也就成了经济发展和社会进步对大学教育所提出的新要求。作为政治和文化中心的北京，更有责任参与到国际化办学的队伍之中，加强国际之间有效的交流与合作，势必对增强国际竞争力、提升学校的教学质量和国际水平以及学生自身的发展有很大的帮助。正确认识高校在国际化办学方面存在的问题与不足，积极地分析现实情况，及时寻找解决办法，已成为当务之急。

一、北京地区高校积极参与国际化办学的原因

（一）汲取国际优质资源，提升教学质量的需要

教育最好的方法是交流。能够有效、及时地吸取到好的教育信息，无疑对我们教育教学质量的提高有着很大的推动作用。不可否认，北京高校现在的教育水

[1] 作者简介：马文静（1992—），女，北京联合大学商务学院国际商务系财务（1101）班学生。

平与教育成果，远不及西方国家，这从各种国际奖项的获得情况上便可略知一二。所以，通过国际化交流办学的形式，可以让我们的人才“走出去”，通过交流与学习，得到更好的教育，也可以将国外的人才“引进来”，交流教学，这样就可以从不同的方面来提高我国高校的教育教学质量。

（二）经济发展的需要

国际化办学所起到的作用不仅仅是可以学习国外先进的文化，还有很大一部分是要适应现如今经济发展的需求。北京是中国的政治、文化中心，要有足够强的经济基础，才能保证政治与文化的繁荣与发展。先进理论终将化作先进生产力，成为促进经济发展及社会进步的必要物质力量，以满足人们日益增长的物质文化需求。所以，在这个经济迅猛发展的时代，我们更需要用知识的力量武装自己，很显然，对外交流就是增强知识力量的一个重要渠道。

（三）应对院校之间竞争的需要

全球化的发展促使高校之间的竞争也变得异常激烈，能否在竞争中处于有利地位，已经不能完全依靠学校所拥有的硬件设备、师资力量。学校能否提供国际化的教学服务、氛围和就业情况转变为能否成功吸引优质生源的决定性因素，北京地区的高校为了吸引更多的优质生源，在全国乃至世界的高校竞争中处于有利地位，就不得不向国际化办学的方向发展。可以想见，一个环境开放的、更重视学生利益的学校，自然会受到学生和家长的欢迎，也自然可以吸引到优秀的学生，这样的学校理所当然会在激烈的高校竞争中居于优势地位。

（四）学校的社会责任和学生自身发展的需要

学生在选择学校的时候，国际化的院校无疑更具有优先权。现在就业市场供过于求，国际化的学校显然更有利于学生以后的发展。

二、北京地区高校国际化办学存在的缺点与不足

（一）专业过于局限，选择有限

我国高校国际化的专业大多集中于经济类和管理类，自然科学类的专业学科并不是很多，北京地区也不例外。据统计，在中外合作办学机构中，工商管理类和经济类共占 50%。自然科学类专业的缺乏发展对学生创新能力的提高有着很大的制约，甚至会影响到经济的发展，这样的损失仅仅靠学习与我们不尽相同的

西方经济模式是不足以弥补的。

（二）学校的办学层次不能满足社会的需求

就北京地区高校目前的办学层次来看，本科教育和研究生教育等高等教育远少于中等专业学校，对于博士生及以上的教育就更是凤毛麟角了。学校办学层次低，不能有效地向社会输送所需人才，这样不利于经济的发展、社会的进步。

（三）国际化学院生源存在问题，教学效果不佳

一般来讲，比较好的国际化院校的费用都会比较高，也就是说，家庭环境优越的学生才有更多的机会享受到国际化教育，这些学生的物质生活相对丰富，综合素质也比较高，但大多缺乏毅力，不肯吃苦，且容易骄傲自满。国际化教育的模式并不能完全摆脱中国传统教育模式按部就班的弊端，不能很好地做到因材施教，这严重影响了国际化办学的质量与效果。

（四）学生对国外学校的了解有限

因为我国教育自身存在诸多问题，所以国外一流的大学并没有过多意向开发我国潜在的教育市场，虽然这种情况近年来趋于好转，但这始终是一个不得不正视的问题。并且，对于国外比较一般的学校，在学生们不了解的情况下，就会被一些不实的传言误导，学生就会将之误认为是名校，盲目报考，最后浪费了金钱和时间，自身也没有得到很大的提高，学习效果不佳，影响了国际化办学的声誉。

三、如何提高北京地区高校的国际化办学水平

（一）培养国际化的师资队伍

教师的教学水平对学生学习效果的好与坏起着直接作用，没有优秀的教师，学校的教学质量就很难得到提高。学校要完善教师管理制度，营造好的教育教学环境，吸引和培养更多的名师、优秀教师。多关注教师的教学，而不是教师的职称，这样教师才能把更多的时间和精力放在如何提高教学上，取得良好的效果也就顺理成章了。除了重视国内教师的培养之外，还要注意引进国外优秀的师资力量，促进国际教学方法和先进理念交流工作的开展。

（二）拓宽国际视野，提高办学层次

要想提高教学层次，还是要以提高教学质量为前提，所以我们可以通过提高

教学质量，进而达到提高教学层次的目的。对于提高国际化办学质量和层次，我们有多种渠道和方法，可以与国外院校建立和保持良好的关系，加强交流与合作，推动国内教育国际化；开展相关的国际交流活动，比如，出国留学、短期出国社会实践、暑期夏令营等活动，促进师生了解国外相关院校信息，提高师生的综合素质；拓宽对外交流渠道，助推教育交流工作的深入合作，就好比在国外合作学校建立“孔子学院”，或者是引导国外学校在国内建立“国际学校”，加强彼此之间的交流，互相宣传本地的文化知识，从而达到共同进步的效果。

（三）营造国际化氛围，吸引国内国外的优秀人才

优秀的人才是发展所需要的，唯有国际化的教育氛围才能吸引更高层次的国际性人才，才能培养出满足国家需要的优秀人才。而国际化氛围的营造，需要有跟得上国际化教学的硬件设备，要有包括国内、国外优秀教师的师资队伍，但更重要的是，要创造更多的机会，多组织交流活动，让中西方可以得到真正意义上的交流。在教育教学方面，除了可以进行一些双语教学或者全英教学之外，还要像国外一样，营造一种自由、平等、相互尊重的学术氛围，学生可以选择自己感兴趣的课程，可以选择自己喜欢、信任的导师，老师同样也可以选择自己认为优秀的学生，双向选择，不但符合各自的意愿，而且还使资源得到了合理的配置。

（四）增加专业选择，让学生学自己想学的

好多同学考虑到就业的难易选择了学习商科，而放弃了自己喜欢的专业，也是由于市场导向，国际化学校就根据大部分学生的需要，开设了很多经济类和管理类的专业，这就造成了想学自己所学的同学没地方学，其他科系也越来越少，商科就越来越多。有一句话叫作，兴趣是最好的老师，那些并不喜欢商科的同学因为种种不同的因素选择了学习商科，学习形式永远是一种被动的状态，学习效果也就没有预期的那么好了。但是如果可以选择的专业多一些，学生会不会就可以有更多的机会去做自己想做的事情呢？

（五）做好自己才能获得新生

无论是学校还是学生个人，唯有做好自身的发展，才能吸引别人的关注，才能获得新的发展与进步。对于学校，做好基础设施的建设，师资力量的培养，帮助学生打好基础，为学生创造“走出去”的氛围和机会。对于学生，要不断加强自身的修养，培养自己的综合能力，通过不断的学习，提升自己的国际化水平。

结论

国际化办学是教育发展的有力手段，而学校自身的教学质量对于国际化办学水平有着重大的影响，学校要用最先进的技术与设备去培养国际化的人才，更重要的是要不断提高自身的质量与水平，达到国际化办学的标准，为社会输送有用的国际化人才。

参考文献：

[1] 程琴. 国际化办学的思考 [J]. 现代商贸工业，2010，22 (9).
[2] 尧文群. 我国高校合作办学现状的认识与思考 [J]. 辽宁行政学院报，2009 (9).
[3] 贺继明. 国际化办学路径的探索 [J]. 教育与职业，2009 (25).
[4] 安慧荣. 教育国际化与国际教育合作趋势的思考 [J]. 社会科学报，2009 (2).
[5] 张小燕. 建立国际化校园的思考 [J]. 北京教育 (高教版)，2010 (5).

商务学院国际化办学与“引进来”和“走出去”

牛凤姣[1]

摘　要　本文在分析国际化办学的特色与作用的基础上，系统化地剖析了“引进来”与“走出去”战略的意义，并且将其紧密地联系在一起，剖析时政，提出高等学校在国际化办学这条道路上，需要在办学理念、国际交流、办学内容、科技交流和人员交流等多方面形成自己独特的风格，强化国际化特色，并为高校在国际化办学的道路上如何谋求发展提出了建设性的意见。

关键词　中外合作办学；国际办学模式；国际化办学；教育全球化

一、“经济全球化”下教育走向世界

经济全球化使得教育走向全球化。20 世纪 80 年代中期以来，世界经济不断发展，世界逐步走向联合，世界各国经济联系不断加强，相互依赖程度逐步提高。这使得跨国公司与国际性贸易应运而生，各国之间的文化教育交往变得更加频繁、广泛。因此，为了加强国际交流与合作，高等教育国际化趋势已势不可挡。另外，我国高等教育自身的发展水平还远远满足不了社会经济发展的需要，因此，在新的形势下，推动高等教育的发展，走国际化的道路是十分必要的。这使得各国教育逐步走向国际化——国际化办学。国际化办学主要是指大学办学理念、要素与行为跨越国界进行互动的过程与现象，这个现象主要表现为学生国际化、师资国际化和课程国际化。同时还包括一些国际交流与合作项目。

现如今世界化的脚步不断演进，全球化的变化过于迅猛，日趋激烈的国际经济竞争与综合国力的较量，实质上就是科技与人才的竞争。世界各国已经意识到

---

[1] 作者简介：牛凤姣（1994—），女，北京联合大学商务学院国际商务系国商（1201B）班学生。

了这一点，在教育、科学、文化等重要领域逐步联合了起来，调整自身，以跟上全球化的步伐。同时也意识到了高等教育国际化的现实必要性，并把它作为发展科技与教育的重大政策。在教育上其基本的表现形式主要为互派留学生、交换学生以及进行合作科研访问学者等。我国加入 WTO 后，以全新的姿态迎接全球化的挑战，在这种大背景下，能熟练运用外语并精通专业知识的人尤为重要。邓小平曾说："派人出国也是一项具体措施。"我国每年都有无数出国留学的大学生，并且合作的两所大学或者多所大学之间，也会互相选派学生到对方大学学习一段时间。他们走向世界，吸收国外先进文化，同时把中国几千年的优秀文化传播到世界各地，促进了国际文化的交流。

根据各国制定的教育政策可以看出，各高校进行国际化办学，主要是为了引进优质教育资源，并在其基础上进行消化、吸收、创新，形成自己独特的教育模式，提高学校的办学水平。

二、国际化办学下，"引进来"与"走出去"

（一）引进优质教育资源，消化、吸收、创新，提高学校的办学水平

教育国际化使得我国高校获益匪浅。文化、教育走向了世界，为各国现代教育发展、经济发展以及文化发展带来了机遇。一国教育的现代化除了对本国传统教育有一定继承外，还必须借鉴他国的先进经验。我国的教育对于发达国家来讲，发展水平较低，发展得较晚、较落后，因此，我们国家的教育观念、体制、内容和手段不可能通过对本国教育史和现实的反应而完全获得，必须通过对外开放，面向世界才能实现。对于我国来讲，文化教育的开放培养了人们的国际意识，培养了开放型人才；引进国外先进、优秀的教育思想和经验，促进了我国教育观念和实践的更新与转变。改革开放以来，我国实施"引进来"与"走出去"的战略，不仅使我国的国民经济均衡协调发展，同时为我国企业发展带来了人才、资金、技术等新生血液。通过中外合作办学与各种合作项目的开展，我国"引进"了不少可以借鉴的东西，首先，我们在思想上不断解放，更新观念。中西方教育有很大的差异，并且各有各的利弊，西方教育中更加注重因材施教，更加有利于学生的发展，挖掘出学生的潜力；我国的教育大致可以概括为灌输性的教育，因而大部分中国学生学习成绩都很优异，但是缺乏创造性。国际化办学使得各大高校抓住机会，不断学习西方的办学理念，同时派遣中国学生到国外留

学、做交换生等项目，培养了学生的国际视野，增进了学生对其他文化的理解，提高了学生在全球化背景下的工作和领导能力，从而促进了人才的培养。

其次，中外合作办学同样注重引进、培养选调专业骨干教师工作，即聘请、引进外方教师。加强国际化培训力度，广拓渠道，通过引进、请出去等方式让更多的教师参与国际培训和学术活动，加强了我国高校与境外特色大学、知名大学、科研机构的学术交流，开展多种形式合作办学，实质性地引进了国外优质教育资源。中澳国际商务项目在师资队伍建设方面的宗旨就是“引进来，走出去”，即大力引进外智，致力于本土师资的国际化，在教学工作中形成了教师结对制度，互相取长补短，师资管理工作贯彻以教师为本的原则，不仅努力提高教师的物质待遇，更注重发挥其业务潜力。

（二）走出去，文化的传播

教育国际化，一方面，吸引国外人员来中国学习、交流、合作，扩大中国的影响，推广中国的传统文化。另一方面，中国文化也要大规模地到世界各地，孔子学院的建立，就是一个鲜明而典型的例子。自 2004 年 11 月全球首家孔子学院在韩国成立以来，已有百余家孔子学院遍布全球 40 多个国家，使得我国几千年的民族文化得以传播，孔子学院也成了传播和推广汉语教学的全球品牌和平台。我国积极响应教育国际化莫过于世界各地孔子学院的建立，孔子学院是中国国家对外汉语教学领导小组办公室在世界各地设立的推广汉语、传播中国文化、国学的教育及文化交流机构。最重要的就是给世界各地的汉语学习者提供规范的、权威性的汉语学习材料。它的设立增进了世界各国人民对中国语言的了解，加强中国与世界各国教育文化交流合作，发展中国与外国的友好关系，促进世界多元文化的发展。对于中国而言向国外推广本国语言已成为文化传播的重要手段，然而孔子学院的建立结合了文化传播的各个方面，形成了文化模式的流通，把中国儒家文化模式向全世界传扬；同时通过孔子学院这一个平台，借助书籍、杂志、报纸等媒体把中国东方式的生活方式向西方及其他第三世界国家传播。总之，孔子学院的建立有利于世界对中国的经济、文化、政治制度以及意识形态的了解，甚至趋于某种程度的认同，最终达到共同和谐。

近年来，随着中国综合国力的增强，中国文化“走出去”成为提升中国文化软实力的战略举措，并取得了明显的成效，中国对外文化贸易取得长足进展。目前，据调查显示，中国对外文化贸易几乎涵盖所有的艺术门类，越来越多的中国文化精品走出国门，打造了一批具有广泛影响力的国际文化产品交易平台，推出了一批具有国际竞争力的文化产品，取得了良好的经济效益与社会效益，并且积累了经验。

如何使文化更好地“走出去”是目前摆在我们面前的问题。中央编译局秘书长杨金海给出了满意的回答，要让中国文化更好地“走出去”，就要把政府的推动和学者的推动结合起来，政治交流与学术交流结合起来，同时还要把经济交往和文化交往结合起来，深入实施“走出去”战略，着眼长远、整体谋划、加大投入、不断增强文化软实力。首先，我们要广泛开展国际文化交流，加强思想文化领域的交流，办好中国文化年、文化周等各种文化交流活动；其次，我们要进一步推动文化产品和服务贸易，实施中华文化海外推广等重大工程，培育外向型企业和对外文化中介机构，加强与国外知名文化机构的合作，分业态推动杂技艺术等文化产品“走出去”；最后，积极开展对港澳台的文化交流，促进两岸地区的文化艺术和文化产业合作，打造文化交流品牌，鼓励民间文化交往，增强文化认同感。

三、对国际化办学的建议

（一）国际化办学存在的弊端

国际化办学是一把双刃剑，有利也有弊。由于设置的不同等原因，国际化办学面临着很大的挑战，仍然存在着很多的弊端。

（1）国际化办学首先会导致人才的流失。大学国际化并不是一本万利的事情，对于发展中国家，大学的国际化往往面临着人才的流失，这种流失有可能抵消大学的得益。据统计，近30年，我国自费留学美国的学生获博士学位的有5.6万人，但回国的不足5%。学生到发达国家留学不归的现象屡见不鲜，造成了本国人才流失的严重问题。

（2）在国际化办学的过程中，有些大学不顾自身条件，盲目向国际化努力，结果是浪费了大量的资源，闹出了很多的笑话，使本身就不好的教育质量更加低下。

（3）教育部门对高职院校中外合作办学的政策支持力度不够，延缓了我国发展高职教育的国际化进程。

（4）教育运行与管理体制还不能真正适应中外合作办学的要求，在管理体制形式上表现为课程、教学、科研、员工、教师、资金和劳务的结合不协调。

(5) 国外优质教育资源未能实质性地引进，合作办学的专业层次较低，水平不够，同时，专业建设还有重复引进现象，高职教育质量难以保证。

(6) 从国家的角度来讲，高等教育国际化会对一个国家的主权和当地传统文化形成一种侵蚀，威胁其经济与社会的稳定，并容易在意识形态、政治、宗教、文化和社会诸方面带来问题。

(二) 关于进一步完善国际化办学的建议

(1) 必要的中外合作办学、引进外国优质教育资源是目前高等教育国际化的必然要求。高等教育的国际化是必然的发展趋势，我国的高等教育要发展成为世界一流的高等教育，就必须到国际舞台上去交流。

(2) 我国应当允许世界知名大学来华独立举办分校，把世界知名大学“搬家”到中国来。

(3) 高校应优先考虑合作办学项目师资的选派，并逐步形成一个稳定的合作办学项目的师资团队。合作办学的初衷是为了引入国外先进的教学资源，学习真正职业化的专业建设与课程体系。但是，仅有“学习”是不够的，还需要有“消化”，因此，学院的另一重要职能是课程的再开发，包括课程内容上融合我国的具体国情，开发自有的双语教材等。

(4) 在自身的管理方面，应该实施国际教育学院项目负责人制度。合作国家的不同、合作院校的不同、合作专业的不同使得各个合作项目具有各自的特点。

(5) 国际教育学院对合作学院专业实行项目化管理。每个项目设置一个负责人，具体工作包括项目开发、洽谈、文件准备、项目申报、项目维护，与外方随时的沟通、定期与不定期的双方文化交换、教学资料准备、外方老师的接待、教学保障的协调落实等；项目资料管理，包括协议及合作过程中的各种文件、外方所提供的教材及清单、外方试卷批阅的成绩审定等相关资料的留存及整理；项目交流，协调我方老师到合作方进修、我方学生到合作方短期学习、对方学生到我方考察学习等；合作办学的学习研究，包括相关资料搜集、现状和未来发展的研究和对项目成果的总结等。

结语

在科技与经济迅速发展的今天，我国更加应该实施“引进来”与“走出去”战略，推动中外合作化办学，精英留学互派的合作项目。但是我们国际化教育的路程还很漫长，道路还很艰辛，所以我们应该加强政策管理与资金投入，使得国际化教育不再是一个目标。

参考文献：

[1] 白俪，张纯明．论高等教育国际化背景下的中外合作办学［J］．辽宁教育研究，2005（11）．

[2] 邬大光，林丽．危机与转机——WTO视野中的中国高等教育［J］．2004．

[3] 陈昌贵．国际合作：高等学校的第四职能［J］．高等教育研究，1998（5）．

[4] 张应强．文化视野中的高等教育［M］．南京：南京师范大学出版社，1999．

[5] 顾明远，薛丽银．比较教育导论，教育与国家发展［M］．北京：人民教育出版社，1998．

[6] 郝维谦，龙正中．高等教育史［M］．海口：海南出版社，2000．

[7] 于富增，江波，朱小玉．教育国际交流与合作史［M］．海口：海南出版社，2001．

[8] 李清川．中国知名大学校长访谈录［M］．北京：中国文联出版社，2005．

[9] 王建生．高等教育国际化的探索［J］．山西财经大学学报（高等教育版），2002．

[10] 王啸．全球化与中国教育［M］．重庆：四川人民出版社，2002．

[11] 陈润奇．高等教育国际化背景下对中外合作办学的探索［D］．上海：上海师范大学，2007．

[12] 毛萍．我国高校中外合作办学教学运行机制研究［D］．重庆：西南大学，2008．

[13] 昌晓丽．中外合作办学研究——历史沿革、现存问题及对策建议［D］．上海：华东师范大学，2005．

[14] 赵立秋．中外合作办学的探索与思考［J］．江西教育科研，2000（12）：45-47．

国际化背景下大学生对中华文明的认同感分析及对策研究

沈秀霞[1]

摘　要　在经济全球化中，各国不同文化的传播与碰撞，对我国大学生造成了巨大的文化冲击。本文通过关于大学生对中华文明认同感、骄傲感的调查，阐述了中华文明的特点、延续至今的原因以及大学生在新世纪多元化格局中的价值取向，同时探讨了西方文化渗透对大学生思想的影响，外来文化给我们带来的挑战和机遇及其对策研究，指出在实现现代化过程中，弘扬中华文化自身的整合与重构强势，吸纳、借鉴、融合外来优秀文化，是创造中华民族新文化的有效途径。

关键词　全球化；中华文明；大学生；认同感

引言

“经济全球化、政治多极化”是当今世界经济与政治的基本特点与发展趋势。经济全球化必然会导致文化全球化，从而带来国家文化安全的问题。另一方面，在经济全球化和文化全球化的席卷下，大量的外来文化涌入我国，对我国大学生造成巨大的文化冲击，而这些事件似乎在验证亨廷顿的“文明冲突论”。由此可见，文化全球化既可以为维护国家文化安全提供机遇，也会给国家文化安全带来严峻挑战。凸显出中华优秀民族文化的内在活力和人文价值，成为解决文化冲突和医治各种社会疾患可资借鉴的良方之一。而文化认同，尤其是对外来文化

---

[1] 作者简介：沈秀霞（1991—），女，北京联合大学商务学院国际商务系商务（1001）班学生。

价值的认同，足以瓦解一国的政治制度，一民族的凝聚力。因此，增强大学生的民族文化认同感刻不容缓。

一、中华文明的特点——延续至今的原因

中国是世界四大文明古国之一，中华文明拥有着上下5000多年的历史，在人类文明史上占有重要地位。

综观世界文明发展史，曾光彩夺目的几大古代文明，如古罗马文明、古希腊文明、古巴比伦文明、古埃及文明、古印度文明等，它们文明的链条不是中断就是散失，留给后人的多是昔日的辉煌。唯有中华文明历经数千年而不衰，在人类历史的长河中留下了浓墨重彩的一笔，这在人类文明的发展史上，是绝无仅有的。作为世界古文明中唯一一朵常开不败的奇葩，是有其自身原因的。

（一）中华文明的开放性和包容性

中华文明具有文化上的开放性和包容性和对本身文化传统的坚持与固守，就是文明认同感，这也是中华文明最大的外在特点。正是这种对文明的认同感使得中华文明在历次文明入侵中都能顽强地坚持自己的文明传统，所以才能在诸多残酷的文明入侵中如同凤凰涅槃，浴火重生。这也是中华文明能够延续至今的最重要原因之一。

（二）中华文明的原生性

中华文明是在欧亚大陆东部产生的一支原生文明。从目前的材料来看，至少在100万年前人类已经在中国广大的区域内活动。经过仰韶文化和龙山文化时期的发展，中华文明经历了从起源到逐步形成的过程，社会的复杂化程度更加明显，夏、商、周时期逐渐进入高度发达的阶级社会，再经过秦、汉及其以后两千多年封建社会的发展和衰落，中华文明走过了一个漫长的历史过程。这些发现以无可辩驳的事实说明了中华文明的原生性特征。

（三）中华文明的连续性

人类四大古老的文明，都是沿着江河发祥的。公元前3500年前后，世界各地先后出现了尼罗河流域的古埃及文明、幼发拉底和底格里斯两河之间的巴比伦文明、印度河与恒河流域的古印度文明、黄河和长江流域的中华文明等。然而，除中华文明之外，几乎所有这些古老的文明都曾在其文化发展史上出现过中断现

象，但是中华文明在数千年的发展历程中，虽然历经磨难，却始终一以贯之，未曾中断。苏秉琦先生指出，世界上没有哪一个像中国如此之大的国家有始自百万年前至今不衰不断的文化发展大系。

二、大学生在全球化背景下的价值取向

大学校园是东西方文化的交汇点。我国青年学生对西方文化的接受程度逐渐开放，受传统文化和西方文化的共同影响，大学生尤其是涉外院校大学生的思想和价值观念呈现多元化状态。外语学习在大学生的生活中占了很大的比重，它对大学生的文化认同起到了最直接的影响。大多数学生认为英语是最有用的语言。这与英语国家在政治、经济方面的强势息息相关。在语言使用的习惯上，大学生也深受西方语言的影响，学生在说汉语时，经常夹杂着使用外语单词，这也说明外语（特别是英语）已经渗透到中国涉外院校大学生的日常生活之中。

全球化使当今的大学生不再只是闭门造车的一代，他们希望走出国门，放眼世界，在受中国传统文化熏陶的同时，日益受到外来文化的影响，因而他们的价值取向处于急速的动荡、演变和组合之中，呈现多元化的状态，因而极不稳定。一方面，当代大学生价值取向的主流是积极向上的。他们能认识到人的价值不仅包括社会对个人的尊重和满足，而且也包括个人对社会的责任和贡献，因而能积极进取、开拓创新，追求人生与社会真善美的崇高境界。然而，另一方面，他们更宽容“不稳定的价值取向”的存在，对社会主导价值和信仰抱有更多的游离态度。这种价值取向既有对新的进步道德和理想信仰的追求与渴望，也包含着价值失落、信仰荒芜、道德失序的风险。

三、西方文化渗透对大学生思想的影响

随着改革开放，随着西方文化的不断渗透，人们的价值观、伦理观、道德观都在发生着变化。而大学校园又是东西方文化的交汇点，当代大学生一方面有着传统的观念，另一方面，他们又都受西方思潮的强烈冲击。西方文化在大学校园的渗透呈现出了渗透渠道多样性、渗透方式主动性、渗透手段先进性和渗透目的性强等特点。

根据对文化的定性分析，可以从两个方面来分析西方文化对当代大学生思想

的影响：一是大学生的政治思想，即大学生所真正认同的政治原则、政治方向及相关的重大方针政策；再就是大学生的价值观，它包括了大学生的生活方式、艺术品位、宗教信仰等一些对事物的程度性认识。

（一）西方文化渗透对大学生政治思想的影响

随着我国改革开放的不断深入以及我国以经济、政治、军事为核心的综合国力的不断增强，中国在国际事务中发挥着越来越重要的作用，西方国家的对华策略也相应地做了一些调整。但是无论怎样调整，其对华策略中的遏制思维丝毫没有减弱，他们所谓的调整不过是形式上的调整。与此同时，由于我国现代化事业的需要，当代大学生必须汲取各方面的知识来充实自己，不能故步自封，当然也要学习西方的科技文化知识。也正因为如此，西方势力通过对我国青少年一代尤其是当代大学生灌输各种西方思想，企图使我国社会主义的接班人认为西方的政治制度才是最完美的制度，妄图动摇社会主义的根基。

但是，《关于大学生对中国传统文化认同感的调查》显示，我国当代大部分大学生，在全球化的背景下，虽向往西方，但仍然认为中国文化不可替代。他们认为虽然外国文化非常吸引人，但中国的文化仍然是根基。可见新一代的大学生能清醒地认识到中国文化的重要性，我们的思想、行为方式都有着根深蒂固的中国人的烙印，是不会为任何外来文化所取而代之的。

另一方面，他们对传统文化的认识和了解并不十分深刻，这在一定程度上反映出大学生对中国传统文化不够重视。

（二）西方文化渗透对大学生价值观的影响

太过露骨的政治宣传产生的效果是有很大局限性的，所以通过传播基督教和西方价值观，宣扬西方的民主、人权来影响当代大学生便成为西方文化渗透的主要方式。他们鼓吹西方的拜金主义、享乐主义和个人主义，否定我国传统文化提倡的大一统精神和社会主义文化提倡的集体主义等价值观，企图使大学生失去精神支柱，失去凝聚力和向心力。由此我们不难看出，西方加紧其文化传播的“良苦用心”。

在价值观最外在的表现——生活方式上，大学生受西方文化的影响之深已经成为了一个社会话题。由于在物质文明上我们确实与西方有差距，再加上大学生对西方文化了解不够全面，分析不够理性，有盲目崇拜之嫌，长此以往，大学生尤其是涉外类院校大学生很有可能深受误导误读而不自觉，进而对自己的生活环境和现状产生不满，很容易形成一种“盲目崇洋”的心理趋势和一种对民族文化的自卑。如果连当代的大学生都认为儒家文化、中国的传统艺术等在同类的西方文化面前抬不起头的话，那我们就不得不说这是中国教育的一种悲哀。因为教育的责任除了要使学生获得更多的知识外，还必须培养他们完美的人格以及对社会的正确认识。

四、对策研究

美国著名文化心理学家尼斯比特认为，东西方文化的发展有着各自的轨迹：西方文明建立在古希腊的传统之上，在思维方式上以亚里士多德的逻辑和分析思维为特征；而以中国为代表的东方文化则建立在深受儒教和道教影响的东方传统之上，在思维方式上以辩证和整体思维为主要特征。外来文化让我们更加了解当今世界发生的重大事件，对拓宽中国大学生的国际胸怀和国际视野作用不容小觑。但外来文化的负面影响也是显而易见、不容忽视的。那么，我们应该如何对待西方的文化，重塑和加强大学生对中华文明的认同感和骄傲感呢？

（一）坚持大学包容开放的办学风格

邓小平同志曾指出：“我们要向资本主义发达国家学习先进的科学、技术、经营管理方法以及其他一切对我们有益的知识和文化，闭关自守、故步自封是愚蠢的。但是，属于文化领域的东西，一定要用马克思主义对它们的思想内容和表现方法进行分析、鉴别和批判。”因此，为了向发达国家学习更多的先进科学、技术、经营管理方法，大学需要对外交流。同时，大学是一个具有高度自我调适能力的组织，开放包容精神是大学精神的基本要素。大学应该更加自觉地面向世界，使自己具有海纳百川的宽阔胸怀，博采众长而不失自我。这应该成为现代大学办学的不变风格。

（二）继承和弘扬中华民族优秀文化，培育民族精神

在西方思潮的冲击下，我们需要坚持中华民族的文化理念和价值观，校正媚外的弱势心态；增强民族自信心和自豪感。我们必须提倡“文化自觉”和文化创新。要采取生动活泼、富有实效的形式，将中国传统文化中的精华通过各种校园文化活动潜移默化地融注到大学生的血液中，让他们深刻了解文化的渊源、形

成过程、所具有的特色和发展趋向，从而提高他们的文化自觉度；要通过建设中国特色社会主义的先进文化，来抵制西方殖民文化的渗透，进一步培养大学生的民族文化认同感和自豪感。

（三）去粗存精，中西合璧

弘扬中华文化自身的强势，吸纳、借鉴、融合外来优秀文化，是创造中华民族新文化的有效途径。在改革开放的今天，对大学生加强中国历史特别是近、现代史的教育，使他们了解中华民族自强不息、百折不挠的发展历程，并找到与西方文化和谐的结合之路，使我们在复杂的多元文化的冲击下，学会审视和明辨，学会取各家之精华，丰富自己的头脑和阅历，找到正确的人生坐标，从而增强大学生建设国家、振兴中华的历史责任感。

（四）加强对大学生的爱国主义教育

爱国主义是一个永恒的主题，爱国主义教育是高校一项长期而艰巨的工作。在经济全球化迅猛发展的今天，我们必须利用全球化提供的一切有利条件，激发大学生的爱国热忱和民族情感，使爱国主义和民族主义这一不朽的精神深深扎根于每个大学生的心中，并转化为推动改革开放和社会主义现代化建设的强大力量，使中国特色社会主义永远立于不败之地。

结束语

对中华文明在人类文明史中的历史地位进行正确的定论，关系到中华民族的精神原动力。在全球化背景下，客观分析当代大学生对中华文明的认同感和骄傲感有助于帮助我们清醒地认识到“西方中心论”这种思想观和理论观长期以来对我中华文明的藐视和轻描淡写，深刻反省我们自己对伟大文明的漫不经心或冷嘲热讽甚至是彻底虚无的错误观念，树立正确的民族自尊心与自信心，对我们今天中华民族的伟大复兴事业，具有重要意义！

参考文献：

[1] 肖元恺．全球新坐标［M］．北京：国际文化出版社，2003.
[2] 邓小平文选（3）［M］．北京：人民出版社，1993.
[3] 胡鞍钢．全球化挑战中国［M］．北京：北京大学出版社，2002.
[4] 王绍玉等．跨越转折——当代大学生价值取向报告［M］．北京：企业管理出版社，2002.
[5] 梁桂麟．知识经济与高校德育［M］．北京：人民出版社，2002.
[6] 陈彩兰．关于当代大学生对中国传统文化的认同感的调查分析［J］．教育周刊，2009.
[7] 周颖华．论加强爱国主义教育对校园非主流文化渗透的作用［J］．和谐社会，2008.

国际化背景下大学生对待外来文化的态度研究

宋　淼[1]

摘　要　在国际化背景下，国家和个人若想取得更大的发展，实现文化的合理交流就显得十分重要。当代大学生作为国家的未来建设者，需要客观地对待外来文化，取其精华，去其糟粕，合理地进行扬弃。如果当代大学生能够正确对待外来文化，不仅会对自身的发展有重大的益处，更能够提升我国文化的软实力，更好地进行国际交流，有利于我国的经济发展，对我国的国际形象更有很大裨益。

关键词　国际化；外来文化；大学生；扬弃

在国际化背景下，中国在经济、政治、文化等方面与世界各国有了更多的交流与合作。大学生作为国家的未来建设者，适应国际化的需求显得尤为重要。随着中国融入地球村的步伐加快，中国也越来越受到世界文化多样性的影响。当代大学生，由于各种原因对待外来文化的态度也有所不同，部分大学生能够正确认识外来文化，并吸取外来文化的精华部分，但是也有一部分人仍然不能正确认识外来文化，其中，一部分人对外来文化抱有偏见，只看到了外来文化对国学和传统道德观念的冲击，盲目排外，也有一部分人认为西方发达国家的文化总是比中国的传统文化先进，崇洋媚外。这两种片面的态度都是不可取的。

一、客观对待外来文化能够使大学生提高自身修养，更好地融入国际社会，推动国际交流与合作

1. 客观对待外来文化有利于大学生提高自身修养，更有机会成为国际性的

---

[1] 作者简介：宋淼（1993—），女，北京联合大学商务学院国际商务系财务（1201）班学生。

人才，更好地融入国际社会

每一种文化都有其精华部分，也有其不尽如人意的地方，客观对待外来文化有利于保持文化多样性，有利于大学生接受多种文化，了解多种文化精髓和多种人生观、价值观、世界观，使大学生能以更加包容乐观的态度面对工作和学习，在面对困难时，能用多种思维方式解决问题，有利于大学生提高自身修养。另外，文化交流是进行国际交流的重要组成部分，客观对待外来文化，可以让大学生在进行国际交流时减少文化隔阂，更有利于大学生融入国际社会，有更多的机会实现更远大的目标。

2. 客观对待外来文化有利于大学生今后的就业发展

在国际化背景下，各方面的合作导致国际交流和跨国公司较多，本国的公司也需要具有国际化的视野，以及与跨国公司交流的能力。具有国际交流能力，对大学生来说，无论是步入公司发展，还是自主创业，或是进行更高层次的研究，都会大有裨益。

3. 有利于以文化的认同推动经济的发展及政治上的交流与合作

要想在国际化背景下取得有利地位，提升国家文化软实力就显得尤为重要。大学生作为我国的知识分子和新生力量，不仅需要为自己的前途考虑，更需要为国家的发展前景考虑。在国际交流中，我们只有尊重外来文化，才可能向其他国家介绍本国文化的精髓，让我国的文化在国际交往中取得有利地位，确定国际间文化的交流与融合，提升文化软实力，以文化的发展推动政治、经济的发展，促进我国国际地位的提升。

二、国际化背景下部分大学生不能正确对待外来文化的原因

（一）受家庭因素影响

1. 传统家庭的影响

大学生对一件事情的态度及价值观的形成与其家庭因素有很大关系。一部分大学生生活在传统的家庭环境中，父母由于幼时的教育或经历以及工作环境的各种原因，对于传统文化的认同感较强，对外来文化多持排斥态度。这样的家庭一般信奉“棍棒底下出孝子”，信奉以集体利益、家族利益为重而忽视甚至牺牲个人利益，信奉人际交往时的面子工程，这就使他们难以接受西方崇尚个人利益、

自由平等的思想观念，认为这样就是自私，就是不孝。这些观念会直接或间接地影响到他们的子女，使得他们对于外来文化的偏见难以改变。另外，部分家庭排斥外来文化源于他们对一些国家的成见，而这些成见普遍是战争遗留下来的历史问题，上一辈会因为仇视一些国家，而阻止自己的子女去接受那些国家的文化。父母从事的职业也会在一定程度上影响他们对于外来文化的态度，如果他们的职业受传统文化熏陶太强，也会给子女营造传统的生活环境，使得他们有意识或无意识地抵触外来文化。

2. 华侨家庭或父母曾有过留学背景家庭的影响

有些大学生的家庭环境有一定的国际化背景，例如，有亲戚在国外，或是父母或长辈曾经在国外学习和生活过，这就会使他们更加了解国外的文化，因为有深入的了解，所以更便于进行比较，也更容易发现各个文化的特点。但是，因为西方发达国家已经将西方资本主义发展到一定阶段，而中国却还处在社会主义初级阶段，这就会使他们不由自主地将西方的生活水平与中国目前的生活水平相比较，而西方的文化相对自由，中国的文化则对人的约束较多，这就使一些大学生在接触到西方自由、平等、独立的文化后，一味地向往西方文化，而忽视了中国传统文化的优越性，产生崇洋媚外的现象。

（二）受网络等媒体舆论的影响

1. 受正规媒体的影响

因为新闻会对一些国际性事件进行报道，然而，在国际交往中，没有永远的朋友，只有永远的利益，各个国家都可能因为各种利益原因产生摩擦。近期，媒体报道有关周边国家及西方国家与我国的利益纠纷较多，这可能会使大学生在文化交流中带有负面情绪。另外，近期播出的一些关于战争的电视剧也会间接影响大学生对于一些国家及一些国家文化的看法，然而电视剧为了吸引观众难免进行艺术夸张，这可能会对大学生进行文化误导，令他们将这种情绪带到学习和研究中去。既可能造成负面误导，也可能造成一些虚幻的文化憧憬。

2. 受大众舆论的影响

大众舆论相对于正规媒体的规范性较差，许多观点仅仅代表发布者的个人看法，而且不能保证其真实性和准确性，而且极易出现网络推手和跟风现象。在事件发生时，网民的情绪很容易激动，而且容易出现不合理的谩骂，大学生又是血气方刚且极富正义感、极易被煽动，并且使用电脑与网络最频繁的群体，网络上的信息极易对他们造成影响。另外，大众舆论容易将舆论的范围扩大化，将事实夸张化，在国际化背景下，更是容易造成大学生对外来文化的片面理解，这也要求大学生有更强的辨别能力和判断能力。大众舆论虽然能交流信息，但也使不少大学生被片面甚至错误的信息所影响。

（三）受传统教育及外媒文化入侵的影响

1. 受传统教育的影响

中国传统教育重视传承中国传统文化，重视团队合作和集体利益，主张在集体利益面前牺牲个人利益。这就使得一些学生善于合作但独立性较差，不善于保护自己的劳动成果。另外，在传统教育下，大多数大学生都形成了谦虚的品质，然而，中国人的谦虚不利于与外国人进行交往，相对于外国文化的直来直去，极大限度地展现自己、表现自己的优点，中国传统文化中的谦虚与内敛反倒使中国人失去了一些机会，因为文化的不同所产生的误解，合作双方都会因此带来损失，这就显得文化的交流在国际交流与合作中非常重要。同时，在国际化背景下，对于别人崇尚的独立和自我也不甚理解，这也从侧面加剧了国际交流时的文化冲突，使大学生对外来文化在初次接触时显得非常不习惯，需要适应的时间较长。

2. 受外媒文化入侵的影响

在国际化背景下，中国与国际各国在经济、政治、文化上的交流也逐渐增多。从英语在中国课堂上地位的提高，到外国的电影、电视剧、小说、报道、学术资料等逐渐涌入中国，使得外媒对于中国人，特别是对于已经逐步形成独立思考能力但价值观还未完全成型的中国学生带来了非常大的影响。他们之中的一些人并不真正了解外来的文化，但小说和大片等传播手段却已经影响了他们的思想，让他们对曾经自己认为正确或错误的东西产生思考，甚至重新定义。这就使得大学生在国际化背景下，对于外来文化的认识容易发生偏差，并且极易受影响，也容易发生改变。

三、国际化背景下大学生对待外来文化应该采取的态度

（一）合理对待外来文化，吸取外来文化的精华部分，以我为主，为我所用

在国际化背景下，我们需要拥有更广阔的国际视野，也需要拥有与各国进行

往来的能力，在国际交往中，文化的交流尤为重要。大学生如果想要拓宽视野，增加就业机会，就需要正确对待外来文化，辨别出外来文化的精华部分，将外来文化的精华部分与中国传统文化的精华部分相结合，既能传承祖国文化，增加民族的自信心和自豪感，在国际交往中宣扬中国传统文化的精髓，又能正确认识外来文化，弥补传统文化的不足，在国际交往中尊重别国的文化，争取更大的发展空间。在国际交往中，大学生需要合理对待外来文化，取其精华，去其糟粕，推陈出新，革故鼎新，在传统文化的基础上，正确吸收外来文化的精华部分，认同外来文化，并将正确对待外来文化的态度加以保持和发扬。例如，今后大学生步入社会，在进行工作时难免与跨国公司打交道，正确认识外来文化，尊重外来文化，会给双方的合作与交流带来极大的裨益。

（二）合理对待外来文化，剔除文化糟粕，保持民族优秀文化品质

在国际化背景下，随着外来文化的不断涌入，在吸收外来文化的同时，保持优秀的民族文化也显得尤为重要。我们既不能盲目排外，也不能崇洋媚外。有些人因为向往国外相对自由的思想，认为在我国的文化背景下受到的约束和限制更多，就认为外来文化都是好的，我国的传统文化就是迂腐的，这种想法是不正确且不可取的。我国有五千多年的文化传承，传统的儒家思想在我国文化中占着非常重要的地位，在儒家文化的影响下，中国人做事勤奋认真，待人谦恭有礼，集体合作性强，这些优良品质也使得中国人在国际交流中受到尊敬。当代大学生在汲取外来文化精华部分的同时，也不能忘记中国传统文化。随着国际交流范围的扩大，越来越多的国家开设了孔子学院，学习中国文化，中国的大学生更加不能忘记民族文化的传承。

结束语

随着中国加入世贸组织，中国与国际各国的交往就变得越来越密切。在国际交往中，想要取得经济政治上的突破，就不得不重视文化的发展，当代大学生作为社会的中流砥柱，无论为自身的发展，还是国家的繁荣，都需要端正对待外来文化的态度，以在国际交流中取得有力的地位。所以，我们要在保持本民族文化的基础上正确对待外来文化，对外来文化进行合理的扬弃，互惠互利，更好地进行各民族间的文化交流，争取更好的文化建设以及经济、政治上的发展。认清国

际化发展现状，明白如何对待外来文化，并且能够正确对待外来文化，将对大学生的国际化视野以及日后的发展很有益处，并且令中国在国际竞争中取得有利的地位。

参考文献：

[1] 冯华. 五种因素影响了毕业生择业——北京师范大学“大学生就业研究课题组”调查[J]. 中国大学生就业，2005（5）.
[2] 杨利宏. 麦肯锡盛世危言：中国出现人才短缺危机[N]. 中国经营报，2005-10-16.
[3] 顾冰. 华人企业国际化调查——缺乏国际化人才是关键[J]. 东方企业家，2004（11）.
[4] 黄志坚，潘岳，李晨. 走向新世纪的中国青年[M]. 北京：中国和平出版社，1996.
[5] 叶南客等. 文化中国：先进文化的建设与创新[M]. 南京：南京大学出版社，2004.
[6] 郭建宁. 当代中国的文化选择[M]. 北京：北京大学出版社，2004.

论国际化办学对应用型高校传统管理模式的冲击
——以北京联合大学为例

宋思祺[1]

摘　要　学生管理工作一直是高校工作中最重要的一个组成部分，如今中国高校学生管理正处在一个特殊的时代，面对着许许多多的问题，我国高校学生管理工作向现代化管理、国际化管理发展是必然的。而高校在学生管理国际化、现代化的路上有着诸多途径，要将这些路线、途径与国际化的特征相互联系，才能保证真正实现高校学生工作的国际化、现代化。

关键词　国际化；冲击；管理思想；传统；多校区

绪论

现今社会，教育制度改革的影响日益深刻，办学的多元化、高校教育对象的普及化，对于我国高校来说既是机遇，也是挑战。而作为高等学校的重要组成部分，学生管理工作也面临着新一轮挑战。随着高校规模的不断扩大，在校生数量的急剧增加，再加上当代大学生的思想活跃，接收信息面广，中西文化的对撞，市场的开放性，经济的全球化，严重影响到了所有在校大学生的人生观、价值观、世界观的养成。大多数高校的思政工作者深深感受到，高校大学生的管理工作、教育工作越发难以开展。于是我们发现，高校现行的学生管理工作不能再延续传统的管理思想、管理模式和管理手段。而现今的高校学生管理必须要确立以人为本的理念，进行体制和概念的改革与创新。

---

[1] 作者简介：宋思祺（1993—），男，北京联合大学商务学院国际商务系商务（1101B）班学生。

一、高校传统管理模式概述

随着改革的不断深入，以及我国社会与国际社会的接轨，我国的高等教育继九年义务教育的普及之后，也渐渐走向了普及，众多高校扩大了招生规模，以图提高国民素质，使之真正成为有能力、有文化的新一代。经过研究，近几十年来，自我价值的实现、改革、创新，以人为本，在校大学生人生观、价值观、世界观的多样化，已经成了当代大学生最重要的时代特征。随着目前我国高校教育改制改革步伐的快速前进，高校招生规模的不断扩大，学生的思想观念渐渐变得异常复杂，学生工作中的传统管理理念、方式和管理体制已经不适应发展形势需要，必须要确立以人为本的管理理念，不断进行管理理念、管理体制、管理办法的改革和创新。

二、高校传统管理模式

1. 重视管理，看轻服务

受到自古至今的经验主义和传统思想的影响，高校学生管理工作常常更加注重管理，看轻服务。更多情况是“管好”而不是“服务好”学生，“管好”经常成为高校学生工作者的工作中心。在这种约束学生的管理思想下，学生就像是温室里的花朵一般不能独立，无法发展自己独立的个性，培养学生的创新能力就是一句空话。从学生管理工作的本源来说，不应该仅仅是“管理”，而应该是“管理”、“服务”、“教育”三者的结合统一，重视并相应确立学生在学校的主体地位，相应满足学生的自我教育、自我管理、自我服务的愿望。在严守规章制度的同时，将管理变为更高一级的服务，真正做到寓教于人，而不是“管理于人”，将服务育人落实到日常学生管理工作中去，扎扎实实提高服务质量。

2. 重视工作，忽略钻研

我国高校现今存在人手少、任务重的问题，做学生工作的教师常常陷于日常繁杂的事务性工作，在主观上有着非常大的误区，重视事务性工作，忽略钻研、学习。在高校教育改革的新形势下，大家对高校的学生管理工作普遍存在着困惑，不知道应该从哪个方面着手。大多数人采取观望态度，亦有凭借日常经验工作，认为只要采取惯例做法便不会出任何错误。由于缺乏理论教育的熏陶，再加上传统观念的长期影响，高校的学生管理工作大多流于形式，缺少一些精神层面的学习和研究。

3. 问题和局限

（1）学生管理程序不规范

虽然各大高校在制定自己的新校规和在日常工作中的管理行为中增强、提高了自身的管理程序意识，对可能发生重大影响与后果的管理程序，例如对危机学生的调查、取证，取消学籍处理等重大决定必须由领导会议研究决定，均予以了高度重视和严格遵守。但是从其他一些日常小事来看，高校学生管理工作中的违法违规现象，仍然是高校学生管理工作中最突出的问题。有规不依，随心发挥，滥用管理权的现象比较严重。

（2）管理制度并不健全

虽然各大高校根据教育部法规对自己学校的校规进行了重新修订，大多数高校都采取“1+X”的模式进行了重新构建、完善，修订了学生管理制度。这些学生管理制度对于规范管理行为和提高管理效率发挥重要作用的同时仍然存在一些缺陷，主要表现在法律法规规章制度的自由裁量权限制不严格，甚至有扩大的趋势。部分条款对行为性质的描述不够准确，条款之间缺乏有机统一，与之相配套的教职工管理制度严重缺失。

（3）思想工作体制相对滞后

现在的大学生大多数是独生子女，他们个人意识强、集体观念弱，上进心强、相容观念弱，参与意识强、责任观念弱；同时由于社会对人才的素质要求逐年提高，毕业生就业体制发生变革，学生分配实行双向选择、自主就业，学生的学习压力、就业压力明显加大；另外部分家庭困难学生的生活压力也在加大。加上现在信息传播速度加快，广大学生接受信息的途径较多，各种负面信息对学生的思想冲击较大。学生心理暴露出的问题很突出，因此而引起的恶性事件时有发生。

三、国际化办学概述

1. 内涵和基本要素

在现如今高校教育发展、科学技术发展、国际政治形势发展多方面需求的推动下，真正意义上的高校都应该具有国际化的特征，例如，商务学院一直本着培养国际化应用型商务人才的理念。国际化、具有创新精神的新型人才培养已经成了各个高校的历史使命。

联合国教科文组织在世界国际大学联合会上把国际化办学定义为："高等教育国际化是把跨国界和跨文化的观点和氛围与大学的教育工作、科研工作、社会服务工作等主要功能相结合，是一个包罗万象的变化过程。"该定义更多基于各国的教育平等性和各国优质教育资源的互补性。中国高等教育的国际化，应该根据本国国情以及学校的实际情况来开展。

2. 必要性和可行性

国际化办学更多是将其他国家办学中先进的理念、多元的文化、优越的体制、优质的资源与学校的实际相结合，打造出区域特征、民族特色、国际元素相融合的办学特色。国际化办学的特点应包括办学定位理念的国际化，人才培养方案、专业学科设置、课程体系及内容的国际化，师生组成结构及往来交流的国际化，教育管理及服务体系的国际化，在大学文化上实现多元兼容和跨文化交流。国际化办学应既有走出去，又有请进来，不能一味地崇洋媚外，而要始终掌握办学的主动权，实现中外求同育英才。总之，国际化是一个理想的目标，也是一个长期、艰巨的过程。

3. 发展趋势

国际化合作办学是当今世界高等教育发展的一种必然选择和必然趋势。

若以项目合作和项目管理相结合的形式来开展国际化办学，则能有利于其有效地推进。首先，项目合作的双方应是平等互利的。如果合作双方不是平等的关系，虽然可能于一方有利，但是不利于建立长期互信的平等合作伙伴关系，更不利于新建本科院校在合作中的利益和效益得到保证。其次，项目合作的形式要朝着有利于实质性合作的方向开展，没有具体内容的合作，则不具有合作的条件。再次，在落实国际化办学中以项目管理的方式，将合作项目的管理责任以协定或合同的方式确定。这种以法律条款为基础的项目管理对合作双方都有约束，符合国际惯例，特别有利于合作项目的执行到位和效益保障。最后，以项目合作与项目管理相结合来推行国际化办学，有利于其办学效益的评估。经过评价合作项目的效益，不仅可以总结项目合作的经验教训，还有利于改进项目合作的模式、方法。

四、国际化办学对高校传统管理模式的冲击

1. 多校区大学学生管理工作的弊端

例如，我校的多校区办学，无疑说明有限的资源与学校发展战略之间存在着很大矛盾，各个校区在不同的功能环境中获得的权利与发展的机会不平等，尤其体现在以下几个方面。

(1) 校区环境差异

以北京联合大学为例，该校有多个校区，由于各个校区间的办学环境、水平存在着较大差异，不同专业、院系的学生数量和质量有着较大差异。某些专业分布在不同的教学区，例如，分布在商务学院校区和管理学院校区的金融专业，不仅使管理成本增加，管理难度也异常加大。这不利于各个院系和专业的长远发展。

(2) 学生生活环境和校区文化差异

各个校区之间的资源不共享，例如，图书馆、教育、实验设备存在着较大差异，各个校区的学生组成主体不同，环境差异造成了校园的文化差异，学生所受到的文化熏陶不同，造成了同一所大学却有很多不同的大学文化。学生的成长机会不平衡。

(3) 资源分配不均

多校区的大学需要合理制定科学发展规划，以便于形成利于优势学科发展、专业布局合理的局面，或者某些高校出于大力发展新兴学科、尽快形成学科优势的目的，对新成立的学科专业实行优惠政策，这也导致其他专业遭遇不公平现象。

2. 完善学生管理工作的思考

(1) 加强钻研，拓宽思路

坚持以培养人才为目标，用教育作为中心，以校园文化为载体，加以严格管理。构建集教育、管理、服务三位于一体的学生工作新格局。高校学生管理工作是一个系统工程，培养学生是循序渐进的，作为一个系统工作要有序地开展，就必须要加强钻研，建立科学的学生工作管理体系，充分利用学生在校期间为数不多的有限时间，加强对学生的培养工作，通过深入细致的思想工作、切实可行的规章制度、内涵丰富的校园文化活动等全方位塑造学生，使他们能够适应时代的

发展。

（2）对学生工作者给予大力支持

从现行高校工作队伍的构成来看，学生工作最直接、最基层的实施者是辅导员和班主任，因此必须做好辅导员、班主任的思想和组织建设工作。严格把好“入口关”，高校要从思想认识上彻底转变过去那种“无需选择”的观念，不断把德才兼备的年轻干部和优秀毕业生充实到学生工作队伍中来，学校应有切实的措施和有效的机制为他们提供再学习的机会，加强和重视对他们的培养和提高。

结语

国际化办学是中国高等教育发展的趋势。笔者梳理了中国高校传统管理模式的现状、存在的问题和局限性，对国际化办学的内涵、基本要素及其必要性、可行性和发展趋势进行了简要介绍，进一步分析了国际化办学对中国高校传统管理模式的影响，并尝试探讨相关对策。

通过以上梳理，本文做出以下结论：随着经济全球化和高等教育国际化的发展，国际学术交流与合作日益增多，国际化办学对高校传统管理模式产生了冲击。我们需要通过研究分析，立足于我国传统教育理念和管理模式，一方面从国情和校情出发，充分利用国际化发展机遇，学习先进经验，趋利避害，寻求具有中国特色的高校教育发展之路；另一方面通过国际平台，宣传本国文化和经验，充分发挥高等教育对国际交流的积极作用；此外，可以通过国际化办学，为国际交往、国际交流培养多元化复合型的人才。

参考文献：

[1] 蔡克勇．教育国际化、本土化与学校个性化［J］．湖南师范大学教育科学学报，2002，1（3）：5-10.

[2] 魏辉良．经济全球化与中国高等教育国际化［J］．国际经贸探索，2006，22（4）：85-88.

[3] 陈孝彬．教育学［M］．北京：高等教育出版社，1990.

国际化应用型商务人才的特征与成长路径

汤申越[1]

摘　要　全球化快速发展，中国日渐成为外商直接投资的首选国家。大型外资和跨国企业争相在中国投资设厂，国内企业与国外企业的接触日益频繁。面对这种情况，大力培养国际化应用型商务人才成为一种强烈的需求，也是国内高等教育的重要任务。商务学院“国际化办学”的宗旨和特色恰恰适应了当下的社会需求，通过十余年的发展，培养了大批国际化商务人才。

关键词　国际化；商务；特征；成长

一、现阶段国际化应用型商务人才的基本情况

（一）国际化应用型商务人才需求情况

北京 CBD 发展迅速，成了带动北京经济发展的核心区。放眼全国，各类跨国企业争相进入中国市场，中国市场对于外商直接投资具有强大的吸引力，外商争相在中国投资设厂。国内企业与国外企业的接触日益频繁，商务国际化势在必行。因此，国际化商务人才的需求猛增。虽然目前国内商务人才总量不断增长，但“熟悉国际贸易条例，具有全球化商务眼光，能够熟练运用外语沟通”的国际化商务人才十分缺乏。

（二）本土国际化人才培养的战略意义

本土国际化人才培养存在两大劣势：中国高等教育面临国际市场竞争力不足，其本土优势并未有效形成，不能吸引外国留学生以参与国际教育市场的竞

[1] 作者简介：汤申越（1992—），男，北京联合大学商务学院国际商务系商务（1002）学生

争；大量学生留学国外，学成之后不愿回国，暴露出本土需求在国际化面前的无力感。因此，妥善利用国外优质资源，会在一定程度上弥补我国高等教育国际化进程中的遗憾。从这一角度而言，中外合作办学具有明显的战略意义，为倡导实施本土国际化人才培养模式提供了合适的土壤。

(三) 学科及行业发展急需国际化、复合型人才

学科起步晚、行业发展快、市场需求高等因素，使得行业急需能够适应国际前沿科学领域的发展需要、熟悉国际规则和案例、精通相关基础理论和专业知识、具有创新精神和创造能力、具有较好外语水平的高端专业人才。

二、国际化应用型商务人才的特征

(一) 成功企业对于国际化应用型商务人才的要求

企业对于国际化应用型商务人才有哪些要求呢？针对这个问题，我们采访了来宝集团驻京办事处高层管理人员赵淳刚，作为一名世界500强企业的高管，他和我们分享了对于国际化商务人才的看法。首先，我们对来宝集团做一个简单介绍：来宝集团（Noble Group）创立于1987年，以亚洲的钢铁贸易业起家，总部在中国香港，是在新加坡证券交易所上市的企业集团，是农业、工业和能源等多个领域的全球供应链管理方面的市场领军者，业务涉及多种自然资源和原材料，如棉花、谷物、咖啡、煤炭、铁矿石、钢材、铝材以及清洁油品等。2012年以80732.1百万美元的营业收入排名《财富》500强企业第91位。

赵总说，对于国际化应用型商务人才的定位，最重要的也是我们最需要的是复合型人才。首先，毋庸置疑，其专业知识一定要过硬。比如商务谈判能力、市场走势分析等。同时，对于相关知识领域也要有一定的了解。比如，学习金融专业的人要了解宏观经济学的知识。不仅要了解市场走势，也要熟悉产品贸易上下游的关系。以来宝集团为例，对于钢铁生意，其产品上游包括铁矿砂等原料，而下游则是客户的需求。两者必须紧密相连才能保证公司的产品能正常生产和销售。国际化商务人才需要具备国际市场的分析能力和预见能力，并且能够在实践中熟练运用这些能力，给客户一个选择公司产品的理由。

其次，作为国际化商务人才，过硬的语言水平是必需的。要保证能够和外商客户或是自己的外国同事正常交流。如果在一家外资企业就职，国际化商务人才

就应该充当不同文化的沟通桥梁作用。文化差异在日常商务活动中的体现，有一种简单的现象，就是谈生意的方式，外商喜欢通过电话完成，而中国企业则倾向于通过见面的方式进行沟通。所以作为国际化商务人才，需要了解西方的历史、文化特点等方面的知识，配合过硬的语言水平，在交流的同时，能够准确地将中国文化传递给对方，以促成交易谈判成功。

（二）高等院校对于国际化应用型商务人才特征的界定

就这个问题，我们以本学院为例，采访了本院国际交流合作处处长张琳娜女士。

从访谈中我们了解到，国际化应用型商务人才是外语好、具有国际视野、通晓国际规则，并能够熟练运用国际商务管理知识的复合型人才。

对于国际化应用型商务人才，第一重要的关卡是外语，现今全世界70%的邮件是用英语书写的，60%的报纸刊物是用英语报道发行的，90%的会议是用英语来召开的。所以要成为一名国际化商务型人才，最关键的就是自己的英语能力，特别是英语的应用能力。英语是国际商务人才的工作语言，其作用是能够与其他人更好地沟通。第二点是商务管理知识，我们必须学好专业课。第三点是我们必须有很好的国际视野，包容和理解多元文化，适应多元文化环境，更好地与国际化人才沟通交流。第四点是我们要认真学习国家的政策方针，对国际上的时事要有清醒的认识，包括预测这件事情的未来走势。

三、国际化应用型商务人才的培养模式

（一）实现国际化人才培养的主要措施

（1）灌输多元文化，达到专业而不单一、个性而不个别、务实而不呆板、通用而不通俗的人文素质与科学并重的发展模式，开放创新包容的学院文化、和而不同的文化格局。

（2）构建立体化课程体系。建立“通识教育+基础教育+专业教育+创新教育”的教育模式。

（3）浸入式英语学习环境。开展英语对外社团活动，小班制授课，外教讲座，个性化外语考试指导等。

（4）动态尖子淘汰班。联系我校全英班的开展，分层次、分专业说明。

(5) 重视学生全景培养体系的建立。设立全景培养方案，个人发展计划，链式培养模式。尊重个体差异，满足个体需求。

(6) 创业、创新能力的培养。方式一，成立科技创业中心和产业实习基地；搭建 e-learning 自主学习平台；方式二，在学生中开展创业和创新教育，积极搭建学生科技创新与创业平台（我校启明星项目）；等等。

(二) 国内常见培养模式

2004 年在浙江大学城市学院召开的“中国成长型大学——独立学院峰会”上提出：现在的高等教育人才培养与市场需求存在一定的脱节现象，独立学院的培养目标要充分考虑学生的特点，在教学计划、培养环节、课程设置上进行创新，可采取产学研合作、订单式培养、预就业等举措培养出高素质应用型人才。这是中国应用型本科人才培养的主要特点。

我们就以浙江大学城市学院为例，它是一所办学与地方经济社会发展需求紧密结合，市校合作办学机制优势充分发挥，应用型人才培养质量稳定优秀，国际化办学和创新创业教育特色鲜明，科学研究与社会服务成效卓著，现代大学管理制度健全完善，办学综合实力持续提升的高水平新型大学。它的宗旨是为社会培养具有社会责任感和较强的社会政治经济建设能力，具有国际视野和参与国际竞争能力的高素质应用型、复合型、创新型人才。

浙大城市学院先后与澳大利亚、新西兰、美国、法国、意大利、丹麦、爱尔兰、芬兰、日本、新加坡，以及中国香港、中国澳门、中国台湾等国家和地区的近 40 所知名院校建立了校际交流与合作关系，开展国际教育合作。通过合作办学、课程合作、交换生计划和短期交流，使在校生有较多机会赴境外学习交流，开拓国际视野。

浙江大学城市学院在教学模式上也大胆进行革新。以实践为引导，激发学生学习的兴趣，改革传统的课堂教学模式；建设各类校内综合创新实践基地，作为培养应用型人才的重要平台；抓住学生的特点，开展“挑战性学习”，以各类学科竞赛刺激学生的学习兴趣，激发其学习潜能，提高其解决实际问题的应用能力与创新能力。

(三) 国外成熟培养模式

美国应用型人才培养主要特点是重视通用技能和专业技能的全面培养。通用技能的培养是本科高校应用型人才的必修课，其中包括沟通和交流、公开演讲、团队工作、领导能力等。另外一点是多样性。这是美国整个高校的显著特征。最后一点是灵活性。这个是与多样性特点相伴而生的。

（四）国内外培养模式的异同

大致来说，美国人才培养模式为专业式、协作式。而中国高等教育正在由单一式向多样式发展，强调创新精神、实践能力、自主探究、素质全面的课程，教学模式多样化，双方既有相同，也有区别。我们以美国罗斯-豪曼理工学院（Rose-Hulman Institute of Technology）为例，他们的工学院化学工程专业的人才培养目标是运用坚实学术基础为专业发展做出贡献；以团队工作的形式解决各种各样的问题，并有效地表达和交流工作成果；在不断变化的全球环境中，运用技能建立长期的、成果丰硕的职业生涯。从中我们可以看到“专业式、协作式”教学模式的体现。在课程设置方面，罗斯-豪曼大学将课程主要集中在数学、化学、物理、生物等工科。同时，攻读学士学位的本科生必须选修至少9门人文社科类科目，目的在于加强学生的通识教育。浙江大学城市学院在应用型人才培养中强调“要有以通识为基础的深厚专业理论基础、宽广的专业知识面”。这与美国人才培养模式有一定相似之处。

针对国内外人才培养思想和办学理念，罗斯-豪曼理工学院强调个人化教学和全面发展，专业技术与社会责任、理论教学与实践训练相结合；而浙江大学城市学院则注重面向地方经济培养高素质应用型、复合型、创新型人才；以学生为主体，以教师为主导，强调人才培养的多样性、开放性、应用性和创新性；简称为“二主四性”理念。

（五）成功企业对于国际化应用型商务人才的培训观点

我们还是以来宝集团为例，来宝集团的管理层会对新加入组织的员工进行引导，使他们积极参与实践，争取企业的培训项目。同时呼吁员工积极参加网络课程，包括语言、经济、金融、贸易等方面的教学。

另外，作为国际化商务人才，必须有意识地关注国内外知名刊物、网站、通讯社和投资银行刊物，例如路透、第一财经、摩根等。

许多大型企业一般都会有定期的内部讲座，主讲人都是著名的经济学家，而且都是对外公开的。这些讲座对于国际化商务人才的培养能够起到非常良好的效果，建议大家能够关注相关信息，积极参与到这些讲座中。

最后还有一点很重要，作为中国本土的国际化商务人才，要从中国文化中汲取营养，与外商进行更好的沟通，包括与公司内部非中国籍的同事沟通。在中国从事商务活动的外资企业大多是欧美企业，在这些企业中，基本上所有的决策都由欧美人组成的团队来决定。

（六）商务学院国际化办学培养模式与学习方法

学院在实施国际化办学的过程中，采取了一些具体的措施：规定学生须上早晚自习，而且早自习必须学习英语；开设全英班全英语教学；提供实践应用能力，如2008年奥运会、国青志愿服务、科博会志愿者等；定期举行英语比赛，组织英语文化节；开设实践周，组织学生去企业调研考察，组织有企业行业背景的老师来给大家上课；开设了一些最具亮点的出国留学项目、双学位项目（费用低，有带队老师，有奖学金）、交换生项目、短期交换项目（赴美带薪实习、夏令营、冬令营等）。

学校在早自习方面一直对学生有着很严格的要求，每周大约三个早自习都主攻英语，在四级单词、听力等方面都抓得很严。

专业课老师在专业知识方面的教导也是很重要的，通过专业课，可以更多地了解自己专业的特点、知识以及学习方法。而需要提高的方面主要是要增强自行培养专业知识的能力，毕竟课堂所学的东西是有限的，必须要靠学生在业余时间的学习、阅读增强。在英语方面，主要是要持之以恒，每天都要阅读英语文字，不断提升自己的英语水平。

英语是用来应用的，而不是用来考试的。所以如果想拥有一个良好的英语水平，那么就需要把自己放在一个英语的环境里。比如，抓住一切机会与外国友人进行口语交流；在闲暇时间可以听听CRI（国际在线）英语新闻；在午饭后读一读《21世纪报》和*China daily*等。在学校里也要把握机会多接触英语，比如，参加学校的英语角，和外国留学生、外教进行交流。很多书本上学到的英语知识和实际应用中是存在一定差别的，在与其他人的英语交流中就会发现这些差异，多次交流后，自己就会记住它。

培养国际化商务型人才是否需要出国呢？学院国际交流合作处处长张琳娜女士说："差距是一定会有的，出国不仅可以给大家一个更好的语言环境，可以提高国际化视野，而且在专业课教导方面也会更趋向于国际化，不会仅限于国内的课本知识，可以让大家有一个更好的交流平台，所以还是建议如果有条件的话最好出国深造一番，必有收获。"

参考文献：

[1] 黄玉丽，赵亚平．面向首都 CBD 需求　培养高素质应用型国际化商务人才［J］．北京教育，2012（Z1）．

[2] 佚名．引进优势教育资源助推国际化商务人才培养［N］．法制晚报，2009-4-30．

[3] 王立人，顾建民．国际视野中的本科应用型人才培养［M］．杭州：浙江大学出版社，2008．

[4] 刘国钦，等．高校应用型人才培养的理论与实践［M］．北京：人民出版社，2007．

北京联合大学商务学院国际化人才培养的思路及建议

闫存晗[1]

摘　要　如今大部分高校都在努力提高整体办学水平，使人才培养质量达到具备应付未来挑战、参加国际竞争所必需的综合素质和知识结构的需要。本文分析了我国高校国际化办学和国际化人才培养的现状及实践结果，结合我国实际提出了高校国际化发展及人才培养的思路及建议。

关键词　国际化；应用式；人才培养

总的来说，教育国际化的核心或者本质，就是在经济全球化的大背景下，各国及各高校充分利用国内和国际两个资源市场，进行优化配置，改善各要素点，尽最大努力抢占教育制高点让自身处于领先者地位。在这种环境下培养出在国际上有竞争力的高素质人才，然后再让之反过来为自身利益服务。前教育部部长周济曾经说过，在全面建设小康社会的新时期，培育实现中华民族伟大复兴的一代新人，要求我们坚持教育创新，深化教育改革；要求我们积极吸收人类文明的一切优秀成果，借鉴世界各国先进的办学经验和管理经验，面向现代化、面向世界、面向未来，加大教育对外开放的力度，以开放促改革促发展。

一、对国际化办学和国际化人才培养的认识

（一）何为国际化办学

所谓国际化办学，就是通过实施国际化办学战略，使全校师生树立全球意

---

[1] 作者简介：闫存晗（1991—），男，北京联合大学商务学院国际商务系商务（1002）班学生。

识、开放意识和创新意识。全球意识，即开拓国际化视野，培养为国家建设和全人类服务的责任、参与精神与能力；开放意识，即提倡教育的国际沟通，互相融合，求同存异，共谋发展；创新意识，即要树立创新教育思想，克服“复制式思维”，培养敢于理性质疑、敢于独立思考、敢于实践探索的创新精神。

（二）何为国际化人才培养

国际化人才可以从个体跟组织两个层面来理解。作为个体来讲，就是看个人的能力和素质能不能适应国际市场竞争的需要，能不能在跨出国门以后适应国际市场创造价值；而从组织来讲，就是能不能构建一个适应国际人才生存并发展的环境。只有国际化潜质的人，没有适应国际化人才发展的环境，也不可能培养出国际化人才来。反之，如果只是营造了一个国际化人才培养环境，而没有可供培养的潜在人才也没办法实现国际化人才培养。

二、我国高校国际化人才培养现状

（一）学科起步晚、先天不足

我国和国际化接轨的学科起步于20世纪70年代，虽然近几年发展迅速，但起步晚已经是不可更改的现实。在国际教育竞争方面我们还处于弱势，各新兴学科大都只是初具雏形，还不能实施国际化人才培养方案。

（二）行业发展快、市场需求高

我国长三角、珠三角、京津环渤海等地，经济迅速发展，各行业都争相研发新元素，急需高科技、高能力的人才参与。但是我国面临的现状是人才跟不上市场的需求，应聘者往往达不到企业的要求。

（三）学科交叉、错综复杂

在国际化办学的理念下，我们要培养国际化应用型人才。国际化应用型人才必然对知识涉猎广泛，因此必然涉及较多领域。各学科间互有交叉，内容错综复杂，也给人才培养带来一定难度。

（四）中外合作办学

中国高等教育面临国际市场竞争力不足，其本土优势并未有效形成，不能吸引外国留学生。留学国外的学生又大量流失，很难将其吸引回国，暴露出本土需求在国际化面前的无力感。在这双重劣势下，妥善利用国外优质资源，在中国本土开展国际化教育，一定程度上正好弥补了我国高等教育国际化进程中的缺憾。从这个角度而言，中外合作办学具有明显的战略性意义，并为倡导和实施本土国际化的人才培养模式提供了合适的土壤。

三、国际化办学与人才培养中的问题

（一）国际化人才不等同于外语人才

外语是国际化人才最基本的要求，掌握一门外语对于国际化人才的重要性毋庸置疑。不可否认可能有一些人不懂外语，但也能把国际商务做得卓有成效，但这毕竟占少数。语言是了解文化的工具，一点外语都不懂又如何了解异域文化呢？以 sorry、regret 和 apology 三个词为例，如果没有较好的外语水平，很难清楚地区分它们。在中美数次冲突中，就是因为美方在这三个词上玩文字游戏才引起网友激辩，谁又能保证类似的事情不会发生在国际商务中。我们决不能把国际化人才简化为外语人才，不是所有外语专业的人都是国际化人才的潜在培养对象。实际上，我们需要的是以外语为工作语言的国际业务人员，简称为“懂技术、会外语、能交流”。

（二）对国外环境和文化知之甚少

有这样一个真实的例子，一位在美国留学多年的中国博士到美国某公司面试，这位美国哈佛毕业的博士专业优秀、衣着得体、英语流利。总裁问了他两个问题：“你看过红袜队的比赛吗？”“没有。”“你看过凯尔特人的比赛吗？”“也没有。”结果这位哈佛的高才生没被录用。这样的案例可能会使所有中国企业经理惊讶，但是这位总裁却觉得很公正。在美国，如果你既没看过棒球比赛，又没看过篮球比赛，那么你的朋友从哪来？你又如何能真正理解美国文化？因为你是在申请一份在美国公司的工作，你就应该像美国人那样生活：看棒球比赛或是NBA、与美国人打成一片、学美国人学的东西、像美国人一样思维。

（三）情商也不容忽视

国际化人才的培训不同于专业技术人才的培训。在专业技术人才的培养中，受训者有些缺陷是可以靠后天的培训或教育弥补的，但是作为国际化人才培训中的某些软指标是很难靠后期的教育或培训弥补的。除了懂技术、会外语外，还要能交流。

从潜质上讲，愿意与人交往的欲望、随机应变的处事心态应该是最基本的要求。有的人天生就不具备国际化的素质，对这类人进行国际化培训只能是事倍功半。有的人从骨子里就不愿与人交往，或是对与人交往发怵。试想连与国人交往都发怵的人又如何与外国人交往呢？目前本科毕业的人不少，外语通过四、六级的人也是大多数，但是能够运用外语进行有效沟通的人却不多。一个潜在的国际化人才首先要有开放的心态，以及去接受这些挑战的欲望，或说对于异域文化有着特殊的敏感性。我们应该从这类人中挑选进行国际化培养的人选。其次，要善于沟通，善于相机而行，或者说心态比较宽容，能够换位思考。因为我们在国际化运作过程当中强调的是双赢，换位思考很重要。

（四）培养环境不容忽视

进行国际化人才的培养除受训者本身的潜质外，创造一个有利于国际化人才培养的环境也不容小视。除了国内培训外，还必须走出国门。因为对国际化人才所要求的“理解当地国家的语言与文化”中有相当一部分是在中国国内无法实现的，必须走出国门，身临其境。

在这方面一些顶级外国公司为我们做出了榜样：IBM 将具备潜力的员工派遣到一个新的国家，在完全陌生的环境下工作，而且安排与其经历完全不同的工作，这项工作正是为了提高其欠缺的某种能力与素质。那些在完全陌生的环境与新工作中能够生存下去，并做出业绩的人，才是真正有国际化培养价值的人才。

培养环境还应该包括培训师自身的素质。除了基本的业务素质外，国际化人才培训师首先应该是一个国际化的教师。国际化人才的培养有赖于师资培训的国际化。只有高素质的教师才能培养出一流的国际化人才。国际化人才的基本素质应该在国际化培训师身上得到大部分的体现，培训教师成为国际化的标杆。

四、高校国际化人才培养的改革措施

（一）不断更新观念，强化教育国际化意识

教育观念国际化就是要将本国高等教育人才培养的改革和发展置于世界经济

发展的大背景之中，从国际社会的视野而非一国的角度对人才培养的总体素质进行考察，从而确立高等教育发展的基本方针乃至具体的教育措施。更新传统的、保守的思想观念，是加快高等教育国际化的前提。高等教育的重要任务是为科技和经济建设培养具有国际观念、全球意识和具有国际交流能力、国际竞争能力的人才，培养能在全球范围内就业的人才。有人担心高等教育国际化会带来资本主义文化的渗透，会冲击中国传统文化，产生消极、负面的影响，其实中国改革开放的巨大成就充分说明，在高等教育国际化的过程中，我们完全有能力抵御各种外来腐朽文化的侵袭。

（二）加强专业建设，适应社会国际化需求

在专业建设中，应积极打造与国际先进水平接轨的、被国际执业机构认可的专业品牌，增强国际竞争力。要根据社会发展需要、国家产业结构调整和学校的自身特点，进一步拓宽专业口径，继续强化优势学科，采用信息化、学科交叉、调整合并和设置新的专业方向等多种途径，改造、更新传统学科专业，剔除陈旧的、过时的课程内容和专业结构，调整专业定位，形成体现学校学科优势、主动适应社会发展的综合的学科专业结构。在专业建设中，加强同行业、企业乃至人才市场、劳动力市场的密切联系，以信息化带动专业建设现代化，以国际化促进专业建设标准化，全面提高教育质量，实现人才培养模式的改革与创新。

（三）改革课程结构，增强市场就业竞争力

课程国际化已经成为实施课程内容和结构改革、提高教育质量、培养国际化人才的主要手段。高校开设的传授国际先进技术和应用技术的课程、外国语言与文化、跨文化研究、比较研究等课程都属于课程国际化的范畴。课程国际化的基本措施包括：改造旧课程和增设新课程相结合，促进教学内容国际化；开设专门的国际教育课程，培养学生的国际观念和国际交往能力；积极引进国外先进的教材，扩大国外教材的使用比例，推行双语教学；以就业为导向，注重教育的实用性和超前性，使高等教育更加贴近现实世界；加强实践教学，提高学生的动手能力，积极引进与专业培养目标相适应的国际执业资格证书课程，增强学生就业的适应能力和竞争能力。

（四）提高教学质量，打造一流的国际化师资

教师队伍国际化是保证高等教育国际化的最基本条件，是实现教育国际化的

一条捷径。具有国际知识和经验的教师可以直接推动教学、科研向着国际化的方向发展，因此要面向世界知名学府招聘知名学者任教，这是提高学校办学水平、增强学校知名度和国际化程度的有力措施。不同文化背景的教师在一起，形成不同文化的碰撞，有利于知识的创新。高校还要采取多种形式增加教师出国访问进修的机会，有计划地选派教师到国外进修、访问、讲学，进行合作研究，学习和吸取大量新知识，了解和接触当代最新学术动态和实验设备，从而获取国际经验。

（五）改进教学管理，构建国际化管理体制

高校拥有办学自主权和管理自主权是国际上高等教育发展实践的客观要求，也是创造性人才成长规律的必然要求。要适应国际化的需要，中国高等教育的管理体制也必须进行重大改革，特别是要进一步落实和完善学校的办学自主权和管理自主权，以免制约了各高校开展国际合作的灵活性、积极性和主动性。在高校内部管理体制上，应引进国外以学生为本的管理体制，进行教学管理制度的创新，建立与国外相应院校相匹配或可衔接的教学管理制度、学籍管理制度、质量评价方法等，使人才培养质量标准参与国际认证，尽可能多地执行国际通用标准，以促进教育的国际交流与合作；在学位、学分、证书互相承认上有所突破，这样才能推行根据学生兴趣自主选择专业和学制等弹性教学模式，吸引国内外优秀学生。与此同时，还要加强对外籍教师教学质量的检查评估，调动外籍教师的工作积极性，促进教学管理，保证教学质量，提高聘用效益。

（六）加强合作交流，参与国际化市场竞争

教育的国际交流与合作形式主要包括师生互换、学位等值、学者互访、国际联合办学、国际合作研究、参加和举办国际学术会议、国际教育资源的互补和援助等。高校通过交流与合作，从人类文明的层面上，寻求文化的交流与融合，寻求促进各国教育共同发展的文化动力。

参考文献：

[1] 范艳芬. 基于国际化办学的信息服务体系建设研究——以辽宁大学为例 [J]. 科技情报开发与经济，2010 (33).
[2] 郭媛媛. 加强留学生管理，提高大学国际声望 [J]. 中国科教创新导刊，2010 (5).
[3] 宣华，郭大勇，罗念龙. 依托信息技术的高校现代化教学支撑平台 [J]. 清华大学学报(自然科学版)，2009 (8).
[4] 裴然，李莹. 论我国高等学校的国际化办学之路 [J]. 中国城市经济，2010 (9).
[5] 宣华，张秋芳，郭大勇. 提升本科成绩管理效能的十个着力点 [J]. 教学研究，2010 (2).
[6] 闫彩虹. 校园文化建设注重传统文化基因的传承 [J]. 教师，2010 (15).
[7] 刘鸿. 法、美、德、俄高等工程教育“卓越”之缘 [J]. 大学教育科学，2012 (2).
[8] 张多雷. 培养中国精英的新模式——亲历北航中法工程师学院成立 [J]. 国际人才交流，2010 (9).

国际化背景下商务学院办学的“客户意识”

叶丽霞[1]

摘　要　高等教育国际化是现在全球经济、文化、政治交流的一个关键部分，意味着高等教育要面向现代化、面向世界、面向未来。中外合作办学就在高等教育国际化背景下正式产生了。中外合作办学借鉴国外优质教育向导，增强师资队伍建设，改进学科专业设置，培养走向国际化的人才。但由于教学理念、管理机制和文化传统等存在矛盾，国际化背景下的高校必然会出现一系列的问题。本文主要运用了事例分析方法，分析了21世纪我国高校存在的一些问题，并提出要像现代企业设计研发真正受客户欢迎的产品一样，我国高校办学也要运用“客户意识”聆听社会的需求，培养企业需要的人才。

关键词　客户意识；高等教育国际化；中外合作办学

随着经济全球化潮流趋势的扩大，普通高等教育国际化办学已经成为历史发展的必然趋势。各国高校都想抓住这个机会扩大自己的教育影响，吸引各种优质资源，提高自己的知名度，以便提高在国际教育市场中的竞争力。但是，在经济全球化、教育国际化的大背景下，中国高等教育的水平和质量没有同步提高。因此，在国际化背景下高校的人才培养模式就出现了问题。

世界已经步入综合国力激烈竞争的时代，中国能否成为世界强国，关键要看综合国力。综合国力包括八项战略性资源，即经济资源、人力资源、自然资源、资本资源、知识资源、政府资源、军事资源、国际资源。而在这八种战略性资源里，我们国家最有优势的就是人力资源。所以，我国可以利用好国际化背景优势，发挥人力资源的优势，增强综合国力。

---

[1] 作者简介：叶丽霞（1992—），女，北京联合大学商务学院（2011）级财务管理专业学生。

一、国际化背景下的中外合作

（一）中外合作办学的发展

中外合作办学的出现是必然的，是整个社会系统中政治、经济、文化等因素在高校教育中的集中体现。由于我国高校在传播文化和对外交流方面有着别具一格的优势，所以中外合作办学很大程度上是建立在我国高校和国外高校友好往来的基础之上的。虽然合作办学初期，我国高校的合作意识还不是很强，但出现了中外合作的迹象后，就呈现出蓬勃发展的势头。特别是在我国加入 WTO 后，中外合作办学的高校如雨后春笋般快速发展起来，办学规模越来越大，办学层次越来越高，办学模式也日趋多样化。

（二）中外合作办学的意义

通过中外合作办学引进国外教育资源，弥补了我国高等教育资源的不足，提高了办学条件。在教学中多元文化的介入，原版教材的引进，使学生、教师接触到了最新的学科知识及教材中所包含的西方文化，增加了相互间的了解，促进了中西文化的交流和发展。经中外合作办学引进的优质教育资源优化了我国高等教育课程，促进了教育方法的改进，提高了我国教育整体水平。同时，合作办学为我国教育体制改革注入了新的活力，有利于专业结构的设置、办学规模、教学管理制度和教学方法等方面与国际接轨。

二、国际化背景下的人才培养

（一）人才培养的概念

人才培养就构成要素上看，包括人才培养者、人才培养措施和人才培养对象。人才培养是人才培养者采取某种人才培养措施以使人才培养对象的身心发展合乎目的变化的活动。即人才培养者在培养活动开始之前要预先预定一个目标，通过采取一定的措施作用于培养对象，以使培养对象的身心发生变化。

（二）人才培养模式的概念

“模式”指某种事物的标准形式或使人可以照着做的标准样式。因此，人才培养模式即人才培养的标准形式或使人可以照着做的人才培养标准样式，包括以下几层含义：第一，人才培养模式是建立在一定人才培养思想基础上的。第二，人才培养模式并不是唯一的作为人才培养的标准形式，它是相对于同一人才培养思想或理论指导下的其他人才培养形式而言的。第三，人才培养模式是较为稳定的人才培养活动结构框架和活动程序。第四，人才培养模式具有规范性和可操作性。

（三）人才培养的目标

人才培养目标是学校对所培养人才基本规格的原则规定，合理设计人才培养目标对明确教育方向、建立教育机制、确定教育内容和教育方法、组织和管理教育活动起着决定性作用。在国际化背景下，社会需求发生了变化，对人才需求不再单一，而呈现出多规格、多类型、多层次的需求态势，因此高校应该在国家统一指标下制定适应自身发展的多样化人才的目标。根据学校自身确定的专业口径对专业或者专业大类的培养目标进行定位，并在业务方向、服务方向、人才类型与质量等方面适应本地区的需要，体现人才培养的地方性。

三、高校客户意识

对一家现代企业来说，最重要的莫过于仔细聆听客户的需求，设计并研发出真正受客户欢迎的产品。对培养21世纪人才为己任的大学来说，聆听“客户”需求同样重要。而分布在世界各地的现代化企业是大学最为重要的“客户”。从这个意义上看，大学能否通过人才培养、科研成果转化等方式让自己的“客户”满意，这是大学能否真正实现自身价值的一个重要指标。如果高校能在国际化背景下始终把企业视作最重要的客户，时刻关心企业对人才的需求，大学就能真正在“客户”心目中拥有良好的口碑，就能成为名副其实的“人才基地”。

（1）国际化背景下高校客户意识的必要性

充分聆听21世纪企业对人才的需求，接收来自世界各地的有关科技发展和人才流动的信息是非常重要的。

（2）跟上时代的步伐

世界在变，产业在变，观念在变，技术也在变。在IT、互联网、通信、生物、纳米技术等新兴领域，企业往往会走在高校前面。高校不但应该依靠开放的思想和充沛的活力尽快跟上产业发展的步伐，更应该在科研领域成为引导技术发展方向的先驱者。

(3) 跟上一流院校的步伐

与世界一流大学相比，中国高校的整体教学质量尚有较大的差距。面对欧美甚至中国港台地区大学对优质生源的竞争，内地高校必须尽快向产业需求看齐，向世界先进水平看齐。

(4) 跟上人才市场的步伐

中国教育事业在过去几十年中的进步有目共睹。但从平均水平看，中国高校目前还无法培养出数量充足的、可以满足企业一般要求的合格人才，中国与世界之间存在着不小的“人才鸿沟”。

(5) 取得竞争优势

随着中国加入WTO和教育改革的进一步开展，加上最近国外发达国家高校留学签证政策的改变，国外高校开始以合作办学、开办培训机构、招留学生等各种方式进入中国的教育市场。全国高校面临的生源和市场竞争异常激烈。为了取得竞争优势，高校必须充分了解市场环境的状况，在人才培养的方向上找到自己的位置和特点。

(6) 培养合格的毕业生

随着大学扩招的社会效应逐渐显现，再加上其他相关因素的影响，就业难的大学生越来越多。大批毕业生找不到工作的同时，还有许多高端企业也无法招聘到足量的合格人才。

也就是说，如果想要切切实实地提高我国高校的教学质量，真正培养出满足现代社会企业需要的合格人才，高校就应当更多地听取来自企业的需求，更多地了解什么样的人才适合21世纪的企业。

四、中国高校存在的问题以及相应的建议

现今，我国高校培养人才的方式和途径还停留在培养“20世纪需要的人才”上，不能很好地培育出“21世纪需要的人才”。

(一) 避免产业化行为过重

目前，来自一流高校的毕业生颇具竞争力，但是那些利益当头的“教育家”们过分的招收也确实损害了他们本校以及相关民办高校的教学质量，培养了不少

依旧“需要培训”或“不合格”的大学毕业生。

汤敏先生曾提出大学扩招的概念，明确地指出要“防止一哄而上，不注重质量地扩大招生”。但我们仍可以看到许多学校，虽然学生数量有明显增多，但培养人才的目的却扭曲了。有些大学生学习了四年毕业时才发现在学校学的知识与企业的要求相悖，因此就业困难——导致了许多大学生毕业后为了就业，又去参加职业培训。高校办学应该避免过分产业化、过分扩招的行为，要以高质量教学为目标。

（二）教育体系需要不断更新

中国的教育体系特别强调背诵、记忆、考试，这就造成现在的学生每天都拼命地读书，把成绩和文凭当作唯一的人生目标，这样的教育形式与学生未来的职业发展是背道而驰的。应试教育迫使学生循规蹈矩地重复旧知识，抑制了创新的想法，这扼杀了无数学生的创造力。比如培养的“哑巴英语”、“纸上工程师”在社会上是没有价值的。很多毕业生就是因为实际动手能力不够而不能够通过面试，最终不能被企业录用，找不到好工作。

西方有句名言说，“听过的我会忘记，看过的我能记得，做过的我才理解”。国际化背景下高校更应该注重学生融会贯通能力的培养，即必须善于把学到的知识运用于实践，不能只是死记硬背。在实际工作中，几乎每一个问题都是模糊和不确定的，一切都需要自己实践去理解，需要在融会贯通的基础上创造性地解决问题。因此，高校在教学过程中要特别注重对学生独立思维、解决问题能力的培养；应该摒弃“非黑即白”的思维方式。与其告诉学生一个“正确答案”，不如激发学生从正反两方面辩证地理解问题。因为在真实的世界里，几乎所有的事情都具有两面性。一个负责任的教育体系应该让学生能够全面无拘束地理解问题，培养有创新思维、有自己想法的人才。

（三）充分利用国际环境培养人才

21 世纪的人才培养需要一流的高校环境。《中外合作办学条例》实施一段时间后，却没有一所真正称得上一流的大学来中国办学。对高校来说，是否可以为学生提供真正的先进的学习理念、科研氛围，是否可以培养出能够更好地适应 21 世纪竞争环境的人才，这比建设多少“大学城”和“重点实验室”重要多了。中国高校可以与欧美一流高校在各个领域开展广泛的合作，学习他们先进的办学理念，不断提高自己的教学、科研水平，并将其在管理、师资、科研、教学、招生、科技成果等方面的经验转化，与本地高校相结合，从而找到一条适合自身发展的鲜明道路。

如今，互联网已经成为学习最便捷的渠道，尤其在国外大学网站上有许多开放式课程可以用于提升学生的素质和知识。但是，许多大学现在还不允许学生到国外网站访问或者要加收昂贵的网络使用费用。而中国高校只有借鉴欧美一流高校的教学经验，使用启发式教学方法，让学生主动参与学习和实践过程，主动了解书本之外、学科之外的知识，鼓励学生追逐兴趣爱好，并为学生提供充分的跨领域实践的机会，才能在人才培养方面紧跟 21 世纪的时代步伐，满足 21 世纪企业对人才的需要。

（四）既要培养高智商，也要培养高情商的人才

最近高校逐渐递增的自杀率引起了公众的注意。21 世纪国际化背景下的高校不能过于注重考试、成绩、智商，而忽视了学生的心理成长、人际交流、团队精神、道德指导。在现代社会企业里，高智商的人也不一定能够成功，不能忽视的是情商和灵商的培养。21 世纪不仅需要高智商，还需要高灵商、高情商，因为在和谐的 21 世纪，几乎没有什么工作不需要良好的人际合作，并且，这些合作很可能是跨公司、跨领域、跨国界的。如印度著名企业 Wipro 的首席执行官保罗曾说过：“我可能早上和一个美国人合作以便更好地与某印度公司竞争，中午向一个中国人下订单，下午和一个法国人签约，晚上把产品卖给英国人。我们能把任何工作移到任何国家。今天的人才不但要适应这种国际产业链中的合作与竞争，而且更需要具备自觉、上进和沟通的能力。”

结束语

我国正在成为世界领先的经济实体。但是，中国若想成为真正的科技强国、经济强国，就得拥有足量的自有知识产权，以及一大批勇于创新的一流现代化企业，还有为数众多的优秀学者和杰出领导人……而这一切的前提条件就是，中国必须拥有世界一流的教育系统体系，拥有可以满足 21 世纪人才培养需求的一流高校。

参考文献：

[1] 林文钊．中外合作办学研究概况、教育主权维护以及质量保障体系的构建［D］．广西：广西师范大学，2007.
[2] 朱晟利．论人才培养模式的概念及构成［J］．当代教育论坛，2005（3）：28.
[3] 余瑾，曾冬梅．地方高校人才培养模式改革的思考［J］．改革与战略，2002（12）.
[4] 王根硕，李发伸．高等理科教育改革与发展概论［M］．兰州：兰州大学出版社.